T0002029

El gato
que encontró
a Dios

ROBERT FISHER BETH KELLY

El gato que encontró a Dios

EDICIONES OBELISCO

Si este libro le ha interesado y desea que le mantengamos informado de nuestras publicaciones, escríbanos indicándonos qué temas son de su interés (Astrología, Autoayuda, Ciencias Ocultas, Artes Marciales, Naturismo, Espiritualidad, Tradición) y gustosamente le complaceremos. Puede consultar nuestro catálogo en: www.edicionesobelisco.com

Colección Nueva Consciencia
EL GATO QUE ENCONTRÓ A DIOS
Robert Fisher y Beth Kelly

1.ª edición: septiembre de 2003
10.ª edición: marzo de 2024

Título original: *The Cat who Found God*

Traducción: *Lidia Bayona Mons*
Diseño de cubierta: *Carol Briceño*
sobre una ilustración de *Ricard Magrané*
Maquetación: *Carol Briceño*

© Herederos de Robert Fisher y Beth Kelly
(Reservados todos los derechos)
© 2003, 2024 Ediciones Obelisco, S. L.
(Reservados todos los derechos para la presente edición)

Edita: Ediciones Obelisco, S. L.
Collita, 23-25. Pol. Ind. Molí de la Bastida
08191 Rubí - Barcelona - España
Tel. 93 309 85 25
E-mail: info@edicionesobelisco.com

ISBN.: 978-48-1172-094-6
DL B 2196-2024

Impreso en los talleres gráficos de Romanyà/Valls S. A.
Verdaguer, 1 - 08786 Capellades - Barcelona

Printed in Spain

A Curdie, que encontró a Dios

El camino espiritual

Marmalade estaba tumbado durmiendo bajo el Sol del mediodía. De vez en cuando su cola a rayas naranjas iba de un lado para otro con fuerza, lo que indicaba que tenía una pesadilla.

La dulce voz de Ellen le despertó:

—Marmalade, a comer —lo tomó en sus brazos y acarició su sedoso pelo anaranjado—. Hoy es un día muy especial. Estamos a punto de hacer algo que cambiará nuestras vidas por completo: vamos a emprender el camino espiritual —anunció.

Marmalade no estaba seguro de qué era aquello del camino espiritual, pero le parecía bien siempre y cuando le condujera a algún rinconcito acogedor o a una comida memorable.

—Tienes razón, acabo de llenar tu plato de comida.

A Ellen se le daba muy bien leer el pensamiento de Marmalade.

—Hoy tienes un interesante cambio de menú —dijo Ellen con entusiasmo.

Marmalade siempre encontraba sugerente la hora de la comida. Se preguntó qué tendría hoy: una lata de buey con sabor a hígado, una de hígado con sabor a buey, una de buey con sabor a pollo... ¡o pescado!, su plato favorito. Marmalade se llamaba a sí mismo con orgullo «el gato pez». Ellen le echaba una generosa porción de la lata que siempre sabía a carne, pescado o pollo y le añadía una abundante cantidad de Kitty Krunch. No es que le entusiasmaran esas croquetas, pero Ellen decía que necesitaba fibra para ir como un reloj. No sabía exactamente qué era la fibra, pero sospechaba que era algo que llevaba grandes cantidades de serrín. Ellen dejó a Marmalade delante de su plato de comida y éste lo miró horrorizado.

¡Estaba repleto de verdura! De repente recordó la pesadilla que le había hecho mover la cola con agitación: una gigantesca judía verde le perseguía hasta que al final era engullido por un calabacín enorme. Miró a Ellen y maulló indignado.

—Ya sé que la verdura te horroriza, pero forma parte de ser espiritual. Formamos un todo con el universo y no querrás comerte algo de lo que formas parte, ¿verdad? –preguntó Ellen.

El primer pensamiento de Marmalade fue que realmente no le importaría comérselo. Mostró su descontento sobre el contenido del plato maullando con pena e intentando cubrir esa pesadilla vegetariana con el papel de periódico de debajo del plato.

—A partir de ahora no vamos a comer nada que tenga cara –repuso Ellen en tono compasivo.

Marmalade no asociaba ninguna cara con las latas que decían contener pollo con sabor a buey, buey con sabor a pollo o pescado con sabor a hígado.

—El camino espiritual bien merece un poco de sacrificio –continuó Ellen–. Nos conducirá hasta la abundancia de Dios.

Marmalade desconocía la abundancia de Dios, pero estaba seguro de que a lo que le conduciría sería a la inanición. Se dio cuenta de que tendría que volver a cazar ratones. Se arrepintió de ese pensamiento porque sabía que Ellen ya lo habría leído.

Y, en efecto, ésta dijo:

—Y tienes que prometerme que no cazarás ratones.

Marmalade maulló una promesa de mala gana.

—Vale –prosiguió Ellen–. Y ya sé que no cazarás pájaros porque les tienes miedo.

Marmalade deseó que Ellen no lo hubiera dicho, puesto que no era bueno para su orgullo masculino. Cuando era un cachorro, llevado por la curiosidad, trepó por un árbol hasta el nido de un arrendajo. La madre arrendajo le administró con el pico un inolvidable tratamiento de acupuntura en la cocorota. Fue una experiencia humillante y espantosa. La única esperanza que le quedaba era que Ellen abandonara el camino espiritual, al igual que había hecho con otros caminos antes.

Recordó una vez, no hacía mucho tiempo, cuando su dueña les puso a los dos a dieta, afirmando que ella perdería cinco kilos en dos semanas. La dieta fue a base de ensaladas y unas sopas de lo más aburridas. Al cabo de dos semanas, Ellen había engordado cinco kilos y Marmalade había perdido dos. Eso no fue nada agradable para Marmalade si se tiene en cuenta que sólo pesaba cuatro kilos. Se preguntó cómo había conseguido ella engordar cinco kilos hasta que un día, al llegar de la compra, Marmalade se dio cuenta de que su aliento olía a pastelillo de chocolate.

También se acordaba de aquel día en que Ellen anunció que iban a convertirse al budismo. Marmalade se lo pasó bien durante un tiempo con esa experiencia. Ellen construyó un pequeño altar en una esquina del salón y colocó velas alrededor y por todas partes. Se sentaba delante de la estatua de Buda con Marmalade y cantaba sus oraciones. Marmalade se unía armoniosamente a ella con sus maullidos. El maullido más grande de todos tuvo lugar el día en que, sin darse cuenta, golpeó una de las velas con su cola y ésta se incendió. Mientras corría como un loco por la habitación prendió fuego a todas las cortinas. Por suerte, los bomberos llegaron a tiempo de evitar que él y Ellen se convirtieran en ofrendas ardientes al dios de Oriente.

Mientras tanto, Marmalade intentaba imaginarse cómo sobreviviría a esa pasión de Ellen por la verdura. Salió de la casa antes de que Ellen pudiera leer su próximo pensamiento para ir a gorrear algo de comer a su vecina Fluffy.

La primavera traerá espinacas y judías

Marmalade corrió entre las dos casas, saltó la verja y se coló por la pequeña puerta de su gata vecina.

Se lanzó como una flecha al plato de comida, sobresaltando a Fluffy, una enorme y preciosa gata blanca que era la reina del lugar.

—En el plato pone «Fluffy» —dijo, irónicamente.

Marmalade fingió que no había oído nada y se zampó todo lo que quedaba de su cena.

Marmalade y la mofeta que se colaba a medianoche eran los únicos intrusos que preocupaban a Fluffy. Éstos habían contribuido, y de qué manera, a su ya establecida neurosis con la comida. Fluffy era la pequeña que nunca conseguía lo suficiente para comer de entre los restos de basura. Habría muerto de hambre de no ser por su dueña, Hannah, que la tuvo que alimentar con un cuentagotas. Desde entonces, Fluffy siempre pensaba que cada comida podía ser la última.

Miró a Marmalade de forma aprensiva.

—Ya sabes lo que me pasa con la comida. Vas a provocarme un ataque de ansiedad si te presentas cada día a la hora de comer.

Los bigotes de Marmalade estaban llenos de pequeños restos de la comida para gatos de su vecina.

—Fluffy, esto es una emergencia.

—¡Qué raro! –exclamó Fluffy.

Para Marmalade todo era una emergencia.

—No, de verdad, esta vez va en serio.

—¿Cómo sabes exactamente cuándo estoy comiendo? –le interrumpió Fluffy con ánimo de no ser educada con su maleducado amigo–. Primero necesitabas comida extra para recuperarte del incendio; luego tenías que ganar los kilos que perdiste con la dieta de adelgazamiento; ahora es otra cosa. Entre tú y esa mofeta me estáis arruinando la vida.

—Verdura –le interrumpió Marmalade–. Ahora sólo comemos verdura. Ellen ha emprendido el camino espiritual.

A Fluffy le dio un vuelco el corazón.

—Mi predicción es que ese camino espiritual no va a durar más de dos semanas –dictaminó Marmalade.

Pero Marmalade se equivocaba, no se había dado cuenta de lo decidida que estaba Ellen a convertirse en un ser espiritual.

* * *

Una mañana, unos cuantos días después, Marmalade salió al jardín y, para su sorpresa, vio a Ellen dando vueltas y revolviendo, arriba y abajo, los surcos que había en el suelo.

Al final, la mujer se echó sobre la tierra revuelta.

—Deberías probarlo, Marmalade, te llevará directo al cielo.

Marmalade había dado vueltas de esa forma cuando era un cachorro y creía que podía llegar a alcanzar su cola. Se preguntó qué intentaba agarrar Ellen.

Ellen se sentó con los ojos todavía vidriosos.

—Dar vueltas de esta forma evita que piense... Marmalade, me estoy volviendo loca.

Marmalade no entendía de qué se extrañaba: siempre había pensado que Ellen no estaba en sus cabales. Deseaba que dejara de dar vueltas y tirarse por los surcos porque así descubriría su decepción. Cada día, Marmalade sacaba la verdura de su plato y la enterraba entre las judías y el maíz plantados en el jardín. Si Ellen continuaba haciendo eso descubriría sus grandes cantidades secretas de abono.

Marmalade no se sentía culpable de hacer eso porque Ellen había dicho que «el plan universal está basado en el reciclaje», y él creía que si cada día enterraba su plato de verdura para que se convirtiera en fertilizante estaba contribuyendo a la obra de Dios. Por otro lado, si Ellen descubría sus triquiñuelas, podría tomar el nombre de Dios en vano, y acusarle a él, Marmalade, de culpable. Vio cómo Ellen se ponía en pie tambaleándose.

—Marmalade –dijo–, estamos a punto de dar otro paso importante en el camino... –Marmalade esperaba que eso no significara que quería dar las vueltas con él en brazos. Si lo hacía, seguro que vomitaba y Ellen descubriría que no había comido verdura. Lo llevó hacia la cocina mientras explicaba:

—Este nuevo paso que vamos a dar es muy importante porque va a separarnos de nuestro ego.

Luego, lo puso delante de un nuevo plato de verdura.

—Tienes que separarte a ti mismo, de quien crees que eres y convertirte en alguien nuevo para ti.

Marmalade miró el nuevo batiburrillo de verdura, que Ellen llamó *ratatouille* de forma un poco aprensiva. Se preguntaba si le forzaría a convertirse en un vegetal.

—Ya sé que estás un poco confundido, Marmalade, porque tu cola está dentro de la *ratatouille.*

Marmalade pareció realmente preocupado por haber hecho eso, porque ahora tendría que lamérsela, y hasta ese momento había hecho todo lo posible por tener el menor contacto con la verdura.

—De lo que quisiera deshacerme es de que soy crítica, gordita… un poco gordita, y también un poco celosa, mandona y, a veces, dominante –dijo Ellen–. Ahora me he convertido en Ambika… que significa Madre Divina –prosiguió en tono rimbombante–. Como Ambika, voy a pensar en mí misma como cariñosa, amable, maternal, leal y paciente.

Marmalade parpadeó. En esa última descripción, Marmalade veía deslizarse con sigilo la arrogancia. A él, Ellen le gustaba más cuando era crítica, gordita y egoísta. Luego se preguntó si podría meter la cola bajo la ducha y deshacerse de la *ratatouille.*

Se acordó de su cola ardiendo y pensó que ésta había pasado por pruebas muy duras en toda esta búsqueda espiritual.

—Marmalade —intervino Ellen—, ya sé que no entiendes mucho todo esto, pero los gatos no os identificáis con vuestros egos como lo hacen los humanos. Marmalade pensó que quizá podría lavarse la cola en la piscina de Fluffy, con el cloro ya habría suficiente para que desapareciera cualquier rastro de verdura.

—Ah, sé lo que estás pensando… Tú también quieres un nombre —dijo Ellen, que había observado la animada mirada de Marmalade.

Lo que cuenta un hombre

Y así es cómo me convertí en Ramsés II –anunció Marmalade a Fluffy.

Fluffy había estado tomando el Sol en su pequeño colchón, bronceándose las puntas de su pelo para que adquiriesen un brillo glamuroso. No estaba de humor para pensar en Marmalade como Ramsés II. Entre lo del nombre y los frenéticos movimientos de cola en la piscina pensó que Marmalade estaba desquiciado.

—Seguro que te estás preguntando por qué Ellen me llama Ramsés II.

—Tengo más curiosidad por saber por qué te estás lavando en la piscina. Si se atascan las cañerías, Hannah me echará las culpas a mí –argumentó Fluffy.

—Seguro que te estás muriendo por saber por qué tengo un nombre nuevo.

Fluffy abrió su delicada mandíbula gatuna y bostezó.

—Para separarme de mi ego.

—Si te acercas un poco más al limpiador automático de la piscina, de lo que te vas a separar va a ser de tu cola –le advirtió Fluffy.

Marmalade apartó la cola del hambriento robot de limpieza con un movimiento brusco.

—Pues a ti tampoco te iría mal tener otro nombre –dijo Marmalade en tono irritado.

Marmalade estaba un poco enfadado con su tranquila amiga ya que él se sentía un poco tenso con eso de ser tan espiritual.

Marmalade agitó su cola para que se secara. El agua salpicó a Fluffy y arruinó todo el acicalamiento que había conseguido en la última hora. Se incorporó airada.

—¿Por qué debería separarme de mi ego?

—Porque eres arrogante y vanidosa –contestó Marmalade.

—Nunca me habías dicho eso antes –dijo Fluffy arqueando sus pobladas cejas.

—Antes no era espiritual –le espetó Marmalade. Fluffy pareció pensativa.

—No me importaría tener otro nombre. Nunca me he identificado con Fluffy. Hannah me llama así porque siempre quiso tener un gato llamado Fluffy.

Marmalade asintió.

—Todos llaman «Fluffy»[1] a su primer gato.

—No me siento Fluffy ni parezco Fluffy –continuó Fluffy.

—Sí, yo creo que sí –repuso Marmalade.

—Sólo durante el invierno –replicó Fluffy–. En verano llevo el pelo corto.

—Debe ser molesto eso de tener un nombre que no te gusta y que oyes cada día –repuso Marmalade.

---

1. *Fluffy*, en inglés, significa «lanudo», «mullido», «esponjoso» *(N. de la T.)*

—No necesariamente. Tan sólo no voy cuando me llaman –contestó Fluffy.

—¿Y qué les parece eso? –preguntó Marmalade.

—Ningún problema, creen que soy sorda. –Fluffy se acercó a Marmalade y le miró fijamente–. No esperes que te llame Ramsés II.

—Según Ellen, Ramsés II fue un gran rey –replicó Marmalade.

—Bueno, pero ahora no es más que una vieja momia –dijo Fluffy, que tenía algunos conocimientos de historia egipcia.

—¿Te gustaría llamarte Isis? Ellen me comentó que Isis era una sacerdotisa del Templo de la Belleza.

Al oír la palabra «belleza», Fluffy se sentó de una forma tan suntuosa como la de una esfinge.

—Tú habrías triunfado en Egipto –repuso Marmalade mirándola con admiración–. Seguro que te habrían convertido en momia.

Un abanico de emociones cruzó por el rostro egipcio de Fluffy…

—Creo que Isis te queda bien porque eres realmente hermosa –insistió Marmalade.

—¿Por qué nunca me habías dicho que era hermosa? –preguntó Fluffy con recelo.

—Nunca había sido espiritual –contestó Marmalade encogiéndose de hombros.

—Supongamos que cambio de nombre –afirmó Fluffy–, ¿para qué debería hacerlo?

—Ellen dijo que ayuda a eliminar las cualidades menos admirables de uno mismo.

—¿Me estás diciendo que tengo cualidades poco admirables?

—Sí –contestó Marmalade.

—Pues por lo pronto no veo que tener otro nombre te haya ayudado mucho a ti –dijo Fluffy en tono áspero–. Vienes a mi casa, gorreas mi comida, ensucias mi piscina, me llamas vanidosa y me dices que debo cambiar.

Marmalade abrió la boca para replicarle, pero la cerró en seguida. Ya había ofendido bastante a su querida amiga; además, se vio a él mismo merodeando por los cubos de basura del vecindario en vez de tener el enorme plato de comida de Fluffy.

—Ellen dijo que todos queremos ser mejor persona –dijo en son de paz.

Fluffly no era fácil de calmar.

—Ni tan sólo sé si quiero ser mejor gato. Marmalade se dirigió a la verja.

—Bueno, me voy, es la hora que finjo comer en casa de Ellen. Hasta luego –se despidió y saltó por encima de la verja.

Fluffy vio cómo la cola de su amigo desaparecía de su vista y se movió intranquila. Entre la llegada de Marmalade y su partida, ella se había convertido en Isis. Fluffy observó su reflejo en el agua. ¿Estaba preparada para gobernar Egipto, o sólo lo estaba para defender su plato de comida de Marmalade?

Prisioneros del tiempo

Era temprano por la mañana y Ellen todavía estaba durmiendo. A su lado, Marmalade estaba medio dormido en su pequeña cama. El tictac de su reloj de Mickey Mouse a los pies de su colchoncito era muy agradable. Nunca había pensado demasiado en el tiempo, pero Ellen le había hecho un lavado de cerebro diciendo sin parar «es hora de ir a la cama», «es hora de levantarse», «es hora de ir a trabajar», y así sucesivamente. Se había convertido en un adicto a los relojes, al igual que Ellen. Los miraba para ver si era hora de ir a ver a Fluffy, de hacer guardia por el callejón, de enterrar la verdura cuando Ellen ya se había ido a trabajar, etc. El dedo de Mickey, enfundado en su guante blanco, dio, con un sonido suave, las siete de la mañana. En cambio, el despertador de Ellen sonó con un ruidoso pitido que imitaba el canto de un pájaro. Como siempre, Marmalade saltó por los aires de un brinco. El horrible gorjeo no sólo le despertó a él, sino también a su fobia por los pájaros.

Ellen se incorporó de repente como si le hubiera caído un rayo.

—Marmalade —exclamó–, acabo de tener un sueño donde una voz me decía: «Ellen, tienes todo el tiempo del mundo».

Marmalade pensó que la voz sabía de lo que estaba hablando porque Ellen tenía montones de relojes por toda la casa.

—Marmalade —dijo Ellen con entusiasmo–, éste es el principio de una nueva vida para nosotros.

Esas palabras le produjeron un escalofrío y le trajeron recuerdos de su cola quemada y de platos de verdura.

—Ya no vamos a ser prisioneros del tiempo —le indicó Ellen extasiada–. Podemos vivir de forma natural. Adán y Eva no llevaban reloj.

Saltó de la cama para pasar a la acción. Mientras cantaba «Nacida Libre», iba por toda la casa metiendo los relojes en los cajones. Marmalade observó indignado cómo agarraba su pequeño reloj de pulsera de Mickey Mouse y lo tiraba al interior de su joyero.

—Esto no va a ser fácil, Marmalade —dijo Ellen–, pero el camino espiritual precisa dedicación. –Se fue hacia la ducha–. Ya sé que te estarás preguntando cómo voy a llegar a tiempo al trabajo.

Marmalade se estaba preguntando exactamente eso. Ellen cogió el móvil de la cómoda y marcó con rapidez un número.

—¡Hola, Ron! Soy Ellen. Ya que tú llegas siempre antes al trabajo, ¿podrías llamarme cuando llegues a la oficina? No, no les pasa nada a mis relojes, sencillamente los he tirado al fondo de un cajón… Ya no soy prisionera del tiempo.

La voz de Ron se oyó a través del teléfono. Las cejas de Ellen se arquearon de indignación.

—Ron, no me gusta que me llamen chiflada, y menos a estas horas de la mañana.

Ellen colgó el teléfono muy enfadada.

—¿Puedes creerte que acaba de llamarme chiflada? –preguntó.

Marmalade la miró y pensó que Ron había dado justo en el clavo.

Ellen asomó la cabeza por la puerta del baño.

—He oído ese pensamiento, Marmalade.

Después de vestirse con rapidez, Ellen tomó en brazos a Marmalade y se dirigió hacia el coche aparcado en el garaje.

Marmalade se preguntaba por qué tenía tanta prisa si tenía todo el tiempo del mundo. Mientras subían al coche, Ellen, como siempre, leyendo el pensamiento de Marmalade, le explicó:

—Ahora que no presto atención al tiempo tengo que moverme de forma rápida si no quiero llegar tarde.

Marmalade bizqueó. Ese tipo de pensamiento le ponía tenso.

Ellen intentó arrancar el coche y oyó el deprimente ruido de un motor que no iba a arrancar. Llena de frustración, golpeó el volante con las manos.

—¡Es la cuarta vez en una semana!

Marmalade sospechó que el coche sabía que tenía todo el tiempo del mundo.

—Parece que nos toca autobús otra vez –dijo Ellen. Al cabo de diez minutos, Ellen y Marmalade subían al autobús. Los animales estaban prohibidos, por lo que Ellen le había enseñado a Marmalade a enroscarse alrededor del cuello, cerrar los ojos y meterse la cola en la boca: así parecía un cuello de piel. El viaje habría ido a la perfección si no hubiera sido por el hombre sentado a su lado que estaba comiendo un bocadillo de fiambre de carne. Cuando el hombre no miraba, Marmalade le dio un bocado a su fiambre. El hombre miró extrañado al ver que Marmalade engullía el trozo de fiambre y volvía a ponerse la cola en la boca. Le dio un golpecito a Ellen en el hombro.

—Su cuello de piel acaba de comerse un trozo de mi fiambre –se quejó.

Ellen soltó un bufido de desdén.

—Eso es imposible, es vegetariano.

Ellen se levantó y se bajó del autobús sin darle tiempo a que se quejara al conductor.

Ellen trabajaba en un pequeño salón de belleza de barrio pintado de rosa pastel. Había tres sillas de trabajo. En las dos primeras, Ron y Ellen atendían a los clientes. La tercera estaba ocupada por Marmalade, que dormía debajo de un secador.

Hoy, Ellen y Ron tenían la desafiante misión de peinar a una madre y a una hija al mismo tiempo y hacer que el resultado final fuera el mismo. La madre y la hija iban vestidas igual, y la madre se iba a teñir el pelo en un intento delirante de parecer tan joven como su hija. Para ayudarle en esta ilusión, Ellen, de vez en cuando, le daba un chupito de brandy.

Ron, tijeras en mano, no pudo contener su curiosidad acerca de la conversación con Ellen aquella mañana.

—¿Qué es todo eso de llamarme para que te diga la hora que es?

Ellen estaba ocupada tiñendo de rojo apache el pelo de su clienta.

—Estoy intentando cambiar de vida, Ron, y apartarme de todas las cosas artificiales –contestó Ellen.

—¿Qué hay de artificial en usar un reloj de pulsera?

—En realidad, el tiempo no existe, sólo existe la eternidad –contestó Ellen.

Ron la miró.

—¿Estás intentando encontrar a Dios?

Ellen sonrió.

—Encontraré a Dios, o Él me encontrará a mí.

—Ignora el tiempo en este trabajo y Dios te encontrará en la cola de la oficina de empleo –dijo Ron cortando con precisión el flequillo de la hija.

La madre miró a Ellen con aprensión.

—¿Significa eso que no va a controlar el tiempo de mi tinte?

—He decidido que no quiero que el tiempo inventado por el hombre me domine. Voy a usar mi intuición –contestó Ellen.

—No quiero que emplee su intuición. Quiero que use un reloj para mi tinte –afirmó la madre cada vez más angustiada.

Se secó un poco de tinte con la toalla y observó su color. Gritando y echa una furia se puso de pie, con una mano le dio al bol de la mezcla y la derramó por todas partes.

Colas rojas al atardecer

Fluffy estaba tumbada en la cocina, dormitando y abriendo un ojo de vez en cuando.

Había arrastrado su colchoncito hasta el plato de comida porque quería encararse a Marmalade la próxima vez que viniera a gorrear. Ya había sufrido dos ataques de ansiedad, por lo que iba a decirle que definitivamente debía dedicarse a los ratones. Y así fue, oyó el sonido de su pequeña puerta al abrirse y se incorporó dispuesta a echar a Marmalade.

—Marmalade, no des un paso más hacia mi comida –dijo en cuanto apareció su cabeza.

Pero Marmalade estaba demasiado hambriento para oírla y el resto de su cuerpo atravesó la puerta.

Fluffy abrió la boca para protestar, luego lo miró asombrada.

—¿Por qué llevas una mitad del cuerpo pintada de rojo?

Marmalade, aprovechando el asombro de Fluffy, empezó a engullir una hamburguesa. Entre bocado y bocado, le explicó lo acontecido en el salón de belleza y el desastre de su mitad teñida por el tinte.

—El resto se derramó en la cabeza de Ron. Ahora es medio rubio y medio pelirrojo. Ron se puso como una fiera y despidió a Ellen –concluyó Marmalade.

Fluffy miró con detenimiento la mitad pintada de Marmalade con el naranja que sobresalía a trozos de entre el tinte rojo.

—Pareces un atardecer con una cola enganchada –dijo la gata.

Marmalade se zampó el último trozo de hamburguesa y le dio las gracias. Dijo que necesitaba energía porque quería ir a casa a consolar a Ellen, que estaba llorando porque había perdido el trabajo.

Fluffy se incorporó cada vez más enfadada.

—Desde que Ellen empezó a buscar a Dios, nuestras vidas ya no son lo mismo. Ya no sé qué clase de relación tenemos. No sé si soy un amigo o un puesto de comida rápida. Además, ¡creo que Ellen está loca! ¿A quién se le ocurre alimentar a un carnívoro con verdura?

Marmalade sonrió con desánimo.

—Si no encuentra trabajo, ni siquiera podrá comprarme verdura.

—Recuerdo que dijiste que lo del camino espiritual no duraría más de dos semanas –dijo Fluffy.

—No sabía lo decidida que estaba a destruirse a sí misma. Su única posibilidad es dejar de buscar a Dios y hacer que sea Él quien la encuentre –repuso Marmalade.

Marmalade se detuvo al cruzar su puerta intentando escuchar los sollozos de Ellen. No se oía nada. Sabía que Ellen iba por la tercera hora de llanto desconsolado y debía seguir haciéndolo en algún lugar de la casa. La buscó por todas las habitaciones. No estaba ante su pequeño altar. Luego miró en el dormitorio, no estaba en la cama ni en la silla de su escritorio, ni siquiera la moqueta estaba empapada de lágrimas. No había ni rastro de Ellen. Un poco preocupado, salió al jardín para ver si estaba regando la verdura. Oyó el chirrido del columpio. Se dio la vuelta y, para su sorpresa, vio a Ellen columpiándose tranquilamente con una dulce sonrisa que le iluminaba la cara.

Ellen vio a Marmalade y bajó del columpio.

—Oh, mi pobrecito gato medio teñido —dijo cogiéndolo en brazos—. Seguro que te estás preguntando por qué no estoy llorando. Bueno, acabo de tener la mejor meditación de columpio que te puedas imaginar.

Marmalade sabía a qué se refería. Había visto cómo Ellen se columpiaba tan fuerte que rápidamente se ponía bocabajo y las cuerdas de arriba se retorcían. Luego, levantaba los pies y las cuerdas se deshacían de inmediato, haciéndole girar primero hacia la derecha y luego hacia la izquierda. Le había dicho a Marmalade que haría eso hasta marearse por completo y que, como un derviche salvaje, podría abandonar su mente y acercarse a Dios.

Un día, Marmalade estaba sentado en su regazo mientras lo hacía. No estuvo a punto de acercarse a Dios pero sí de vomitar.

—Marmalade, he llegado a una conclusión.

¿Sabes qué es la locura? Es hacer la misma cosa una y otra vez esperando un resultado diferente.

Marmalade la miró extrañado.

—¿No lo entiendes? He estado haciendo lo mismo una y otra vez. Sólo he hablado de cambio pero no he cambiado. He cambiado de nombre, he cambiado mis hábitos alimenticios pero no he cambiado un trabajo que ya no me interesaba. Ahora que me han despedido no voy a ir a buscar otro trabajo a un salón de belleza ni a ninguna otra parte —concluyó de un modo categórico.

Las cejas de Marmalade se dispararon hacia arriba.

—Emprendí el camino espiritual para cambiar en mi interior —continuó Ellen—. Mi propio trabajo consistía en cambiar a las personas externamente. Convertía a una rubia en morena y a una morena en pelirroja. Pintaba las uñas de sus manos, de sus pies, teñía sus cejas y les ponía pestañas postizas. Todo eso para hacerles creer que habían cambiado. Les ayudaba a encubrir quiénes eran en realidad y, la verdad, yo he hecho lo mismo. Formo parte de un mundo en el que la publicidad ha llegado a convencer a las mujeres de que necesitan una puesta a punto como si fueran un coche. Y los hombres lo han permitido. Quieren una mujer con el vientre plano, las piernas delgadas y las nalgas duras. Estoy harta de que los hombres me quieran por mis diferentes partes de forma aislada. Quiero un hombre que me mire con los ojos del alma, como tú lo haces, Marmalade.

Marmalade nunca antes había pensado en ello. No le importaba qué aspecto tenía Ellen, ya que a él le interesaban los gatos. Para él, el valor de Ellen consistía en que era una buena proveedora, y había perdido muchos puntos desde que le había servido el primer plato de verdura. En momentos menos hambrientos, tenía que admitir que le gustaba estar cerca de Ellen porque sentía su bondad.

—Así pues –continuó Ellen–, voy a dejar de formar parte de un mundo que ya no me interesa, y eso incluye correr desesperadamente a buscar un trabajo. Estoy hasta las narices de este mundo de perros, donde la competencia hace que nos comamos unos a otros.

Marmalade levantó las orejas. No sabía que los perros se comían a los perros, pero le pareció un buen método para librarse de estas criaturas molestas.

A pesar de todo, estaba preocupado. Si Ellen no trabajaba, veía una hipoteca sin pagar y un banco que los ponía de patitas en la calle.

—No, no nos vamos a quedar tirados en la calle –dijo Ellen respondiendo a sus pensamientos–. Voy a poner un anuncio en el periódico para alquilar una habitación y así compartir gastos.

Marmalade pensó que la mente de Ellen se estaba volviendo más aguda.

—Gracias –repuso Ellen–, creo que es la verdura. Sí, compartir la casa es una buena solución, Marmalade. Voy a poner un anuncio pidiendo una mujer tranquila e interesada en la espiritualidad que quiera compartir una casa.

La sombra alargada de un compañero de piso

Y así fue como, dos días después, Amanda Hardcastle apareció en la puerta de casa de Ellen. Llenaba el marco de la cabeza a los pies y de cadera a cadera y llevaba un enorme bolso de piel colgando de su hombro.

—Vengo por el anuncio por el que pedía una compañera de piso espiritual —bramó con fuerza.

Su voz resonó por toda la sala. Marmalade arqueó la espalda en un acto de autodefensa. Incluso Ellen dio un paso atrás, que Amanda entendió como una invitación para entrar.

Amanda observó la habitación.

—Qué lugar tan acogedor. —Ellen se sintió halagada, abrió la boca para contestar pero no pudo hacerlo—. Hace tanto calor afuera —dijo Amanda secándose la frente—, ¿puedo sentarme?

—Por supuesto —contestó Ellen—. ¿Quieres beber algo frío?

—No, gracias. —Se dejó caer en un sillón de mimbre que tembló durante unos segundos y luego decidió sostener el peso de la mujer—. Llevo mi propia bebida. El calor destruye mi campo de fuerza magnética y tengo que recargarlo con Gatorade. —Sacó un termo de su bolso y bebió un buen trago. Lo volvió a dejar dentro y, para sorpresa de Ellen y Marmalade, sacó un pequeño Yorkshire terrier—. Éste es Perky —anunció.

Perky era todo de color castaño, con un monísimo lacito azul atado a un mechón de pelo de su cabeza. Amanda le arregló el lazo.

—Acaba de salir de la peluquería. Quería que estuviera lo más guapo posible para esta ocasión —dijo, y ajustó su collar de piedras semipreciosas con una mano de la que colgaba una pulsera a juego. Se dio cuenta de que Ellen la estaba mirando sorprendida, y un poco a la defensiva añadió—: Tu anuncio no decía «No se admiten animales de compañía».

—Es verdad —se apresuró a admitir Ellen—. Es sólo que nunca había visto a un perro salir de dentro de un bolso.

Marmalade tampoco, y por eso los pelos de su espalda estaban completamente erizados.

Amanda miró con aprensión a Marmalade.

—¿Este gato vive en la casa?

Ellen le tapó la boca inmediatamente a Marmalade antes de que lanzara uno de sus bufidos de desaprobación.

—No te preocupes por Marmalade, se lleva bien con todos los animales —dijo rápidamente Ellen.

Marmalade supo de inmediato que Perky no iba a ser uno de los suyos. No le gustaban los perros que llevaban lacitos en la cabeza... y un perro que llevaba joyas era un poco sospechoso. Marmalade pensó que Perky[2] sería de esos que se creían mejores que nadie, y que su personalidad no sería precisamente alegre, sino impertinente.

Marmalade sabía que Ellen pensaba que no era espiritual juzgar por las apariencias, pero la cuestión era que había algunos animales que merecían ser odiados y Perky tenía el aspecto de ser uno ellos. No obstante, Marmalade no expresó ninguno de esos sentimientos porque sabía lo mucho que Ellen necesitaba el dinero. Además, en el fondo, tenía la esperanza de que Perky comiera hamburguesas y quizá podría birlarle algún trozo.

Amanda miró a Marmalade.

—Nunca había visto a un animal teñido de este modo. ¿A qué peluquería lo llevas?

Ellen vio que Marmalade se escurría debajo del sofá.

—Fue un accidente –contestó.

Amanda arrastró su cuerpo hasta ponerse de pie.

—Bueno, veamos el resto de la casa. –Siguió a Ellen hacia la habitación de invitados y el dormitorio principal. Amanda observó la habitación de Ellen–. Me gusta este dormitorio –dijo Amanda.

—Ésta es mi habitación –repuso Ellen intentando evitar un tono agresivo.

Amanda no se inmutó.

—Me gusta. Te pagaré 25 dólares más al mes.

---

2. Perky, en inglés, significa «alegre», «animado». (*N. de la T.*)

Marmalade sintió compasión por Ellen al ver cómo sufría por la falta de dinero. Está claro que se sintió decepcionado cuando Ellen suspiró y dijo:

—De acuerdo, trato hecho.

Marmalade pensó que no tenía derecho a juzgarla. Después de todo, él quería que Perky se quedara porque así podría comer un poco de sus hamburguesas. Ellen llevó a Amanda y a Perky hasta el baño.

—Oh, hay una bañera. Perfecto, me encanta darme un baño de vez en cuando –dijo Amanda. Ahora le tocaba enfadarse a Marmalade. Ellen sólo se duchaba y él solía dormir en la bañera los días más calurosos.

En ese momento, Ellen y Marmalade ya no estaban tan seguros de si Amanda era el inquilino ideal.

—A Marmalade y a mí nos gusta el silencio –dijo Ellen mientras la acompañaba hasta la cocina.

Amanda asintió.

—Me encanta el silencio –gritó.

—Ésta es la cocina –anunció Ellen. Amanda miró alrededor–. Es bonita, alegre y luminosa –añadió.

Marmalade vio con desaprobación cómo Perky husmeaba por la cocina como Pedro por su casa.

—Marmalade y yo comemos de forma sencilla –intervino Ellen–. Soy vegetariana.

—Yo también –dijo Amanda complacida.

—No obstante, puedes cocinar lo que quieras –continuó Ellen.

—Me encantará lo que cocines –contestó Amanda. Ellen se movió de una manera nerviosa. Se vio convertida en el chef personal de Amanda, sobre todo cuando ésta añadió:

—Normalmente desayuno a las siete, almuerzo a las doce y ceno a las seis.

Marmalade vio en la mirada de Ellen que estaba buscando la forma de decirle a Amanda que aquello no iba a funcionar.

—Marmalade y yo practicamos muy a menudo la meditación –indicó Ellen.

Amanda asintió entusiasmada.

—Creo que esto suena a mi hogar ideal. –Puso una cara piadosa y dijo en un tono atronador–: «Permaneced en silencio y sabréis que soy Dios».

Ellen se encogió de miedo contra la nevera y Marmalade arqueó su espalda.

Ellen buscó con desesperación una forma de librarse de Amanda.

—Marmalade es también vegetariano… No hay carne en casa –dijo mirando a Perky.

La cara de Amanda se iluminó.

—Perky también es vegetariano –terció Amanda. Para Marmalade ésa fue la gota que colmó el vaso. Ya no tenía ninguna razón para gustarle Perky, ya no había nada por lo que aguantar a esa peste de perro merodeando por la casa. Sin dilación, le dio un bocado en la cola. Perky emitió un aullido de dolor y saltó a los brazos de Amanda.

—Tu gato teñido ha mordido a mi perro –dijo Amanda en tono acusador.

Ellen reprimió una risita y miró agradecida a Marmalade.

Amanda se deshizo en mimos con su chuchito herido.

—Pobrecito mío. –Acarició la cola y luego miró fijamente a Marmalade, que todavía tenía varios pelos del terrier entre los dientes. Amanda se dirigió a Ellen–: No sé cómo alguien que se presenta a sí misma como espiritual puede tener un monstruo teñido como animal de compañía.

Marmalade fijó la vista en los pies de Amanda preguntándose si su mandíbula podría abarcar el ancho del tobillo de un saludable bocado. Amanda se dirigió de manera airada hacia la puerta principal.

Ellen la siguió.

—Espero que no estés resentida –dijo. Amanda se dispuso a abrir la puerta.

—«La venganza es mía, dijo el Señor» –espetó, y salió furiosa dando un fuerte portazo.

Mi hogar está donde hay comida

Fluffy se relamió los bigotes al ver los sabrosos restos de comida de la fiesta del 4 de julio que había dado Hannah. Unos trozos de pollo a la brasa y varios pedazos de salchicha estaban dispuestos sabrosamente en su plato. Había una banderita americana clavada en una salchicha para darle un aspecto festivo.

Cuando Fluffy se disponía a dar un primer y delicado bocado, Marmalade entró como un rayo por la puertecita y aterrizó delante del plato.

—No te vas a creer lo que me ha pasado –jadeó Marmalade–. Necesito recargar las pilas.

Y sin añadir nada más, empezó a pegarse un atracón con la cena del 4 de julio de Fluffy. Entre bocado y bocado, le explicó a ésta cómo se había deshecho de dos indeseables inquilinos.

La boca de Fluffy, que todavía estaba abierta con la intención de comer, se abrió aún más al oír la increíble historia de su vecino.

—¿Le mordiste de verdad la cola a un terrier?

—Aún puedes ver los pelos en mi boca –dijo Marmalade.

—Podría verlos si no fuera porque la bandera americana que tienes entre los dientes me bloquea el campo de visión —saltó Fluffy.

Marmalade, sobresaltado, dejó caer la bandera. La miró y vio que aún tenía la marca de sus dientes.

—Gracias por avisarme. Creo que está prohibido comerse la bandera americana.

—Lo que tendría que estar prohibido es que tú te comas mi cena —dijo Fluffy enfadada.

Marmalade pasó por alto el comentario.

—Hay mucha más comida como ésta en la barbacoa, la he visto al entrar. Imagina a un perro vegetariano —continuó Marmalade—. Seguro que por eso se me han quedado sus pelos en la boca. Debe de sufrir desnutrición.

Fluffy examinó su propio pelo. La pérdida de pelo debido a una deficiencia proteínica era una de sus actuales preocupaciones con un vecino tan desalmado como Marmalade.

Sus pensamientos se vieron interrumpidos por la llegada de Ellen, que venía a hablar con Hannah. Fluffy y Marmalade oyeron una conversación que casi les costó una de sus siete vidas.

Ellen se dejó caer en una silla.

—He decidido no alquilar ninguna habitación. Ya es bastante difícil encontrar a Dios viviendo solo. Necesito aclararme las ideas, voy a tomarme un mes de descanso y no puedo cuidar de Marmalade.

Marmalade miró a Fluffy horrorizado.

—Estaba pensando si podría dejarlo aquí durante este mes —dijo Ellen.

Ahora fue Fluffy quien miró a Marmalade horrorizada. La imagen de Marmalade devorando la mayor parte de sus proteínas mientras ella permanecía a su lado llena de placas sin pelo era demasiado para ella.

La voz de Hannah borró rápidamente la visión neurótica de Fluffy.

—Lo siento, Ellen, pero Harry y yo nos vamos de vacaciones este mes. Iba a pedirte si te podías hacer cargo de Fluffy.

—Veo que no coincidimos –dijo Ellen.

—La voy a dejar en la guardería de animales –le indicó Hannah.

Fluffy arqueó la espalda.

—Bueno, creo que les gustaría estar juntos, yo también dejaré a Marmalade en la guardería.

Ellen y Hannah fueron a la piscina sin darse cuenta de que, a su paso, dejaban a dos felinos aterrorizados con las espaldas arqueadas.

Marmalade y Fluffy no podían creer el golpe de mala suerte que les había sentenciado a treinta días entre rejas. Permanecieron sentados, uno junto al otro, mientras sus sombras se alargaban cada vez más a medida que el sol se ocultaba en sus desdichados rostros.

Finalmente, Fluffy rompió el silencio.

—Desde que Ellen emprendió el camino espiritual, nuestras vidas se han convertido en un enorme cubo de basura.

—Creo que Ellen no va a encontrar nunca a Dios –dijo Marmalade en un tono igual de sombrío.

Fluffy se quedó pensativa durante unos segundos y luego comentó:

—Quizás Dios no viene a por Glendale.

—Ya está, si Dios no viene a ti, tú vas a Él. Así es como vamos a ayudar a Ellen. Saldremos a la calle y encontraremos a Dios, ella leerá mis pensamientos, sabrá qué es Dios y nuestras vidas volverán a la normalidad.

Fluffy notó que empezaba a sufrir un ataque de ansiedad.

—¿Me estás diciendo que vamos a abandonar nuestro hogar y saldremos ahí fuera?

—Bueno, eso o treinta días de incomunicación –contestó Marmalade.

Fluffy pasó de la ansiedad al pánico.

—Pero ¿adónde iremos? ¿Qué vamos a hacer? ¿Qué comeremos?

—Ellen dijo que Dios lo sabe todo. Por lo tanto, si Él sabe que le estamos buscando, ya se hará cargo de todas esas cosas.

Qué poco sabía Marmalade que ya había dado el primer paso hacia la fe.

A la caza salvaje de Dios

Marmalade y Fluffy estaban en medio del caos del Aeropuerto Internacional de Los Ángeles con un aspecto de confusión. Aunque la gente que los rodeaba también tenía el mismo aspecto.

—Nunca había visto un lugar de locos como éste –dijo Fluffy.

—Ellen siempre me ha dicho que las personas están locas, y que cuando reúnes a un buen número de ellas, lo que obtienes es una absoluta locura.

—Yo sí que no estaba en mi sano juicio cuando acepté unirme a ti en esta caza salvaje de Dios –se lamentó Fluffy.

Fluffy se escondió detrás de una papelera con el cuerpo aplastado contra el suelo. Miraba a su alrededor con los ojos desorbitados esperando haber encontrado protección contra los pisotones y las maletas con ruedas.

En ese instante, un hombre tiró la ceniza de su cigarrillo en dirección a la papelera. Por desgracia, la ceniza aún encendida fue a parar a la cabeza de Fluffy. Ésta dejó escapar un fuerte alarido y empezó a dar vueltas en círculos. Marmalade se tiró encima de ella con la intención de apagar un posible incendio gatuno. Fluffy, con rabia, se lo sacó de encima.

—Se acabó –espetó la gata–. Me voy a casa. –Marmalade intentó tranquilizarla.

—Fluffy, Ellen me leyó historias de personas que intentaron encontrar a Dios. No fue fácil para ninguna de ellas. Moisés cruzó un inmenso desierto, y créeme, sucedieron muchas cosas para que se desanimara, pero no se dio por vencido.

—Si en esa época hubiera habido fumadores, seguro que habría abandonado –replicó Fluffy.

Su ansiedad había llegado a un punto en que necesitaba comer. Rebuscó en el bolsillo de un pequeño chaleco de viaje de color caqui que llevaba puesto y sacó una bolsa de sándwich con un trozo de pescado blanco. Marmalade se la quedó mirando.

—No has dejado de comer desde que nos hemos ido.

—Es lo único que impide que sufra un ataque de ansiedad –replicó Fluffy con un pedazo de pescado saliendo de su boca.

—¿Ya estás mejor? –preguntó Marmalade.

—Sí –contestó Fluffy tragándose el pescado.

—Vale, ahora lo único que debemos hacer es encontrar un avión.

—No vais a encontrar ningún avión, pequeñajos –dijo una singular e irritante voz.

Los gatos miraron a su alrededor y vieron que era un loro el que les había hablado. Estaba dentro de una jaula de viaje de la que colgaban varias etiquetas de embarque.

—¿Qué quieres decir con que no vamos a encontrar ningún avión? –le preguntó Marmalade.

—Que no lo vais a hacer si no vais en una jaula como ésta. Los animales no pueden entrar en un avión si no están debidamente enjaulados –contestó el loro.

—¿Seguro? –preguntó Fluffy.

—¿No veis las etiquetas de mi jaula? He entrado y salido de veinticuatro países. He estado en tantas partes que soy el único pájaro del mundo con su foto en el pasaporte –contestó el loro, abriendo sus alas y pavoneándose con orgullo.

Fluffy pareció aliviada.

—Se acabó, Marmalade. Vayamos a casa.

—No nos rendiremos. Voy a preguntárselo a otros animales –dijo Marmalade, y se fue corriendo.

—No me dejes sola –maulló Fluffy. Al verlo desaparecer entre la multitud, corrió a buscar desesperadamente un lugar donde esconderse.

Marmalade sólo estuvo ausente unos pocos minutos. Al volver donde estaban, su amiga se había ido.

—Fluffy… Fluffy… –la llamó ansioso.

—Estoy aquí –contestó Fluffy.

Marmalade miró a su alrededor y vio a Fluffy debajo de un largo vestido de una mujer que se inclinaba para coger su maleta. La pequeña cabeza de su amiga asomaba por debajo del vestido. El dobladillo alrededor de la cara le daba un aire hindú.

—Ese loro fanfarrón tenía razón. Sólo podemos viajar en avión si vamos encerrados en una jaula –dijo Marmalade.

—Me he comido el último trozo de pescado que me quedaba –le informó Fluffy–. Volvamos a casa.

Marmalade estaba enfurecido.

—Sal de debajo de ese vestido.

—No voy a salir hasta que no me digas que nos vamos a casa.

Su cara desapareció al darse la vuelta y, por último, su cola también se esfumó.

La mujer no se había dado cuenta de que tenía un visitante debajo del vestido, ya que estaba rebuscando nerviosamente en su equipaje.

En ese instante, el marido de la mujer se le acercó.

—Todavía no he encontrado los billetes –refunfuñó ella.

—Siempre han estado en el bolsillo de mi abrigo –contestó el marido un poco avergonzado, y se los enseñó.

La mujer suspiró y dijo:

—De verdad que odio viajar contigo.

El marido vio cómo una lágrima se deslizaba por la mejilla de su mujer.

—No tiene ningún sentido llorar por esto.

—No estoy llorando. Es un ataque de alergia –repuso la mujer llena de frustración.

—No lo entiendo. Sólo eres alérgica a los gatos –afirmó el marido. La husmeó con cautela y añadió–: Siento decírtelo, pero este perfume que llevas huele a pescado.

—Es el que me regalaste por Navidad –replicó la mujer en tono irritado.

La disputa conyugal habría ido a más de no ser porque de repente se descubrió la fuente de sus desavenencias.

Una mujer dejó el cochecito de su bebé justo al lado de la pareja. En él iba un niño de dos años que vio la cola de Fluffy saliendo por debajo del vestido, y en tono alegre gritó:

—¡Gatito!

El niño se abalanzó y tiró bruscamente de la cola. Fluffy aulló y saltó por los aires. La mujer dio un grito. El impacto de Fluffy al caer la empujó a los brazos de su marido.

Fluffy, horrorizada, buscó refugio en el único lugar posible: la maleta abierta. Marmalade se lanzó al interior para salvarla. La pareja no se dio cuenta de nada, ya que estaba muy ocupada preguntándose qué hacía uno en brazos del otro.

Una voz anunciando la salida del avión impidió que se descubriera el misterio de lo que había sucedido. El marido cerró con rapidez la maleta y se dirigió hacia el control de equipajes.

—¿Qué rayos llevas aquí dentro? Te dije que no te llevaras demasiadas cosas –exclamó él.

—Si hubiera cogido menos cosas, sólo habríamos podido ir a las playas del sur de Francia.

El marido dejó la maleta en la cinta. De inmediato sonó una alarma. Por desgracia, había sonado por el collar de zirconitas de Fluffy. Un guardia de seguridad abrió la maleta y dos gatos salieron corriendo en dirección a la puerta de embarque. El guardia de seguridad, como buen guardia observador e inteligente que era, gritó:

—¡Detenedlos! ¡No han sido cacheados!

—¿Por qué llevabas dos gatos? –preguntó el marido a su mujer en tono furioso.

Ella le miró fijamente y dijo:

—Quiero el divorcio.

Marmalade y Fluffy entraron y salieron de diversos aviones, perseguidos por varios guardias de seguridad. Finalmente, se abrieron paso por la plataforma de carga y se colaron por la ventanilla abierta de un Mercedes. En ese momento, el coche estaba entrando en un avión de mercancías.

Y así es como dos gatos emprendieron un viaje a la India.

¿Se puede encontrar a Dios en un Mercedes?

El viaje a la India volando hubiera sido fantástico si hubiera habido comida en la pequeña nevera del asiento trasero del Mercedes. Fluffy la abrió y sólo encontró la documentación de la garantía. Mientras se quejaba por ello, Marmalade le recordó que pasar pruebas formaba parte del camino espiritual.

—Nunca hubiera puesto una pata en ese camino si me hubieras dicho que pasaría todo esto –replicó Fluffy fríamente.

—Te irá bien… necesitas disciplina –dijo Marmalade.

Fluffy le mostró los dientes.

—¡Y me lo dices a veinte mil pies de altura, pequeño pelma sabiondo de rayas naranjas!

Al ver que el pelo de Fluffy se erizaba, Marmalade pasó al asiento delantero. Durante los veinte minutos siguientes, la oyó refunfuñar al compás de los vaivenes del avión.

Si el avión no hubiera aterrizado en ese momento, se habría declarado la guerra entre ellos.

—Ya está, Fluffy, hemos llegado. Vamos a buscar algo de comer –afirmó Marmalade animándola. Se abrió la compuerta trasera del avión y un hombre subió por la rampa, entró en el Mercedes y condujo rampa abajo. Cuando aparcara, los dos polizones tenían la intención de saltar al abrirse la puerta; no obstante, el coche siguió recto hacia otra rampa de un vagón de mercancías que estaba esperando. Los gatos estaban escondidos debajo del asiento trasero cuando el conductor salió del coche y cerró la puerta tan rápidamente que no pudieron escapar. Enseguida se dieron cuenta de que estaban atrapados y se alejaban de Bombay en una larga hilera de vagones de mercancías.

Cuando llegaron a su destino y sacaron el Mercedes, no mediaron ni media palabra.

Estaban sentados en silencio cuando se abrió la puerta y apareció un fuerte y alegre hombre de brillante pelo negro. Llevaba una túnica blanca que ondeaba al viento y la sonrisa de su cara parecía afirmar a los cuatro vientos que todo iba bien en el mundo. Al ver a los dos gatos se echó a reír.

—Mira qué tenemos aquí.

Su discípulo, que estaba de pie a su lado, observó horrorizado a Fluffy y Marmalade.

—Lo siento mucho, Sai Baba. –Y mirando a los gatos, gritó–: ¡Fuera! ¡Fuera!

Fluffy y Marmalade miraron desconcertados a Sai Baba.

—Déjalos. Están aquí en busca de Dios –le interrumpió Sai Baba. Ésa era la primera persona después de Ellen que leía su pensamiento.

Los invitó a su *ashram* y ordenó a su discípulo que les trajera comida.

Fluffy y Marmalade comieron vorazmente su pescado. Una vez saciados, le preguntaron a Sai Baba si podía ayudarles en su búsqueda de Dios.

—Encontrar a Dios es muy hermoso, pero recordad, Dios también está en la Búsqueda –contestó Sai Baba, y se fue después de invitarles a su reunión de fieles que tendría lugar el día siguiente.

Los gatos estaban desconcertados intentando entender las palabras del gran Gurú. Marmalade rompió el silencio.

—¿Qué ha querido decir, Fluffy?

—¡Somos dos gatos estúpidos que tenemos que abandonar esta persecución infernal!

—¿Por qué siempre sales con algo negativo? –gritó enfadado Marmalade.

—Porque soy más positiva cuando soy negativa –replicó Fluffy.

—No te entiendo –dijo Marmalade con el ceño fruncido.

Fluffy adoptó la pose de una princesa egipcia.

—Él no es el único que es místico. Yo también puedo decir cosas que nadie entiende –gimoteó Fluffy.

Marmalade y Fluffy pasaron la noche en una alfombra persa dentro del *ashram* hasta que el griterío de una multitud los despertó. Salieron a investigar y se sobresaltaron al ver a miles de personas reunidas a la puerta del *ashram*. Vieron cómo hacía su aparición Sai Baba y la muchedumbre le hacía reverencias bajando sus cabezas hasta el suelo. Con los ojos como platos vieron cómo, por arte de magia, extraía perlas de su pelo y las ofrecía a los fieles. Luego, Sai Baba pasó su mano por encima de una tinaja enorme que estaba vacía. De pronto, ésta empezó a llenarse de arroz sin parar y su discípulo se lo ofrecía a la muchedumbre dentro de tazones.

—¿Crees que es Dios? —preguntó Marmalade maravillado.

—Está claro que no —contestó Fluffy.

—¿Cómo puedes estar tan segura? —quiso saber Marmalade.

—Mira a tu derecha. ¿Qué ves? —preguntó Fluffy.

—Miles de personas —contestó Marmalade.

—Mira a tu izquierda. ¿Qué ves? —continuó Fluffy.

—Miles de personas —repitió Marmalade.

—¿Ves algún gato? —preguntó ella.

—No… Veo un mono, un asno en un carro y dos loros —contestó Marmalade.

—Si fuera Dios también ofrecería plátanos al mono, avena al asno, semillas a los loros y un poco de pescado para nosotros —dijo finalmente Fluffy.

Sai Baba se acercó a ellos en ese mismo instante y, leyendo el pensamiento de Fluffy, repuso:

—Tienes toda la razón. No soy Dios. Soy su servidor.

Acto seguido, sacó una perla de su pelo y la depositó en uno de los bolsillos del chaleco de Fluffy. Rebuscó debajo de su túnica y sacó un pequeño pescado que introdujo en otro de los bolsillos.

—Os doy mi bendición para seguir adelante con vuestra búsqueda —les dijo con una sonrisa.

La vidente, el loro, el mono y el asno

Marmalade y Fluffy caminaban con dificultad por el sucio y polvoriento camino que estaba a rebosar de fieles. A vista de pájaro desde lo alto de un baniano, se podían divisar dos pequeños gatos tosiendo y andando a trompicones entre miles de pies.

Fluffy, tosiendo, le soltó a Marmalade su mantra favorito:

—¿Por qué tuve que dejar que me involucraras en este viaje? En cualquier momento podríamos acabar aplastados de un pisotón.

—Al menos no vas a pillar una insolación –dijo Marmalade con los dientes apretados.

Tenía los dientes apretados porque llevaba entre ellos una enorme hoja de baniano que mantenía por encima de la cabeza de Fluffy para protegerla del Sol.

La gata de repente se detuvo.

—Necesito descansar. Me duelen mucho los pies. Se sentó a un lado del camino masajeándose sus patitas.

Marmalade aprovechó el descanso para relajar su mandíbula, que había estado aguantando la hoja de baniano.

Fluffy examinó con tristeza su pelo.

—Estoy llena de polvo. ¿Cómo podré sacármelo todo de encima? Nunca más volveré a ser de color blanco.

—Me pregunto si en la India existen túneles de lavado de gatos —dijo Marmalade.

—No tiene ninguna gracia —repuso Fluffy con la boca llena de polvo.

En ese momento se detuvo a su lado la mujer que conducía el carro con el asno que Marmalade había visto antes. Se los quedó mirando y preguntó:

—Así que vais en busca de Dios, ¿eh? Fluffy miró a Marmalade.

—¿Cómo puede ser que todo el mundo lo sepa?

—Creo que la India está llena de gente con poderes telepáticos con los gatos —contestó Marmalade.

—Es vidente —dijo el mono.

—¿Qué? —preguntó Marmalade mirando hacia arriba.

—VI-DEN-TE —contestó el mono.

—Claro que tengo dientes —respondió Marmalade.

—Yo también —intervino Fluffy.

La mujer y el mono se rieron.

—Subid y protejámonos del Sol —informó el loro. Y así lo hicieron.

Marmalade y Fluffy, al subir al carro, vieron que el loro estaba comiendo semillas, el mono comía un plátano y el asno tenía una bolsa llena de avena colgando alrededor del cuello. Los gatos se miraron sorprendidos.

—Sai Baba siempre tiene cuidado de los animales –dijo la mujer leyendo su pensamiento.

El mono, después de comerse el plátano, cogió un parasol y lo puso por encima de la cabeza de la mujer mientras ésta conducía. Fluffy y Marmalade se cobijaron debajo para disfrutar también de un poco de sombra.

—¿Qué hace una Vidente? –preguntó Fluffy.

La mujer sonrió. Tenía una sonrisa hermosa y unos ojos grandes y brillantes. Era difícil adivinar su edad; no era ni joven ni vieja.

—Veo el pasado y el futuro.

—¿Me ves a mí, en el futuro, junto a la piscina comiendo un plato de pollo y croquetas Kitty Krunch? –le preguntó Fluffy.

La vidente se rio. Su risa era tan dulce como la de Ellen, y Marmalade se puso nostálgico. La mujer miró a Fluffy con los ojos entornados.

—Te veo en la piscina. Veo… veo el plato de comida… y veo a tu amigo comiéndoselo.

—Mi futuro no es muy diferente de mi pasado –informó Fluffy tras un suspiro.

—Sí, sí que es diferente. No se trata de la piscina de tu casa. Veo la piscina arriba… arriba en las alturas –afirmó la Vidente.

Fluffy se puso histérica.

—¡Lo sabía! Sabía que no saldríamos de ésta.

¡Mi piscina en el cielo!

La Vidente se echó a reír.

—No, tú tendrás una larga vida. Dame tu pata.

Fluffy se la tendió, la Vidente le dio la vuelta y prosiguió:

—Tienes una almohadilla de más. Probablemente fuiste uno de los gatos de un templo egipcio. Seguro que tu cuerpo está en alguna parte de la planta inferior del Museo de Antropología de Londres.

Fluffy se atragantó con sólo pensarlo.

La Vidente tomó la pata de Marmalade y la examinó.

—Lo suponía, tú fuiste enterrado con Ramsés II. Eras su estimado gato de confianza.

El mono y el loro, Fluffy y Marmalade, quedaron impresionados por la lectura de patas.

Marmalade miró al asno y luego a la Vidente.

—Ellen me leyó un pasaje de la Biblia que decía: «Dejad que el Rey se acerque a su asno» –dijo Marmalade.

—No –replicó la mujer leyendo su pensamiento–, no soy Dios, pero puedo decirte dónde puedes ir a buscarlo.

A *lomos de un yac*

Ni en la peor de sus pesadillas, Marmalade y Fluffy se habrían imaginado a sí mismos montados sobre un yac, montaña arriba, en dirección a un monasterio del Tíbet.

De hecho, se trataba de una familia de tres yacs blancos. Marmalade y Fluffy iban montados en el lomo de papá yac. Fluffy llevaba la boca cubierta por un mechón de pelo del yac. Debía haber estado más cerca de Dios que nunca porque durante las dos horas de viaje había mantenido los ojos cerrados rezando atemorizada para evitar una temible caída a tres mil metros de altura.

Cuando la Vidente les aconsejó que para su búsqueda era imprescindible visitar a un sabio gato himalayo que vivía en un monasterio, Fluffy no se imaginó que ello supondría arriesgar una de sus siete vidas… o tal vez todas.

La Vidente los había conducido a la frontera de la India con el Tíbet, donde los puso a lomos de un elefante que, a su vez, los llevó junto a los yacs. Marmalade y Flu-

59

ffy querían agradecerle su amabilidad. Fluffy recordó que Sai Baba le había dado una perla, se la sacó del bolsillo de su chaleco y se la ofreció a la Vidente.

La Vidente rechazó la perla, pero quedó tan conmovida por el ofrecimiento que hizo aparecer dos sardinas para Fluffy. Ésta abrió los ojos como platos. Fluffy también estaba tan conmovida por la magnificencia de ese obsequio, que a la mujer, al mono y al loro les costó un buen rato convencerla de que la Vidente no era Dios.

Estaban subiendo, azotados por un viento gélido, una tortuosa senda cubierta de nieve. La voz de Marmalade llegaba a Fluffy con las ráfagas de viento. Éste estaba alardeando con la familia de yacs.

—Así que tuve que emprender esta búsqueda de Dios, porque sé cómo es Ellen… Es la mujer que vive conmigo… Ella nunca podría encontrarlo sola.

Al ver la mirada de admiración de mamá yac, añadió:

—Ya sé que piensas que soy muy valiente, pero yo siempre he sido muy lanzado.

Fluffy estaba indignada porque Marmalade le estaba dejando de lado en esta búsqueda, pero no podía decir nada en absoluto porque tenía la boca llena de los pelos del yac. No se atrevía a abrir la boca por miedo a caer. Y encima, el vaivén del yac estaba haciendo que se mareara. Pensaba que en cualquier momento vomitaría las dos sardinas que se acababa de zampar.

Desesperada, consiguió apartar los pelos de su boca y gritar contra el viento:

—¡Basta, parad! ¡Quiero bajarme!

Los yacs, que eran muy obedientes, se detuvieron. Fluffy saltó del lomo del yac y cayó encima de la nieve. Marmalade corrió a su lado.

—Nos estás haciendo perder tiempo –dijo Marmalade–. ¿Por qué quieres parar?

Fluffy le miró fríamente, sus ojos parecían dos misiles azules.

—Porque estoy a punto de perder mis sardinas. Ojalá nunca hubiera dejado que me convencieras para dejar mi dulce y acogedor hogar –contestó Fluffy.

—O te venías conmigo o te encerraban durante un mes. Tú escogiste –dijo a la defensiva Marmalade.

—No, tú escogiste –repuso enfadada Fluffy–. Siempre diciéndome lo que tengo que hacer… Eres un gato absorbente, y te digo aquí y ahora que estoy harta y cansada de que me robes mi poder de decisión.

—¿Tienes que decirme esto ahora… con tres metros de nieve bajo nuestros pies?

—He tratado de decírtelo durante los últimos tres mil kilómetros –replicó Fluffy.

—Y durante tres mil años –repuso una voz femenina.

La familia yac se divertía un poco con la discusión gatuna. Era tan americano… En el Tíbet las discusiones giraban en torno a quién sería el primero en ser ordeñado, quién daría el primer bocado a la escasa hierba que sobresalía de entre la nieve, etc.

El padre yac observó el cielo.

—Será mejor que nos demos prisa o nos pillará la ventisca de las cuatro –dijo.

Fluffy dio un alarido.

—¿Tenéis ventiscas de nieve cada tarde?

El padre yac, un amable animal que se había presentado como Budamac, repuso:

—Será mejor que nos vayamos.

Fluffy tensó la mandíbula con fuerza.

—No volveré a montarme sobre ningún yac, Budamac.

—Puedes llamarme Mac –dijo el padre yac.

—¡No voy a montar sobre ningún yac, Mac!

¡Me importa un comino la ventisca! –aulló Fluffy.

—Quizá te importen los aludes –repuso Mac.

Fluffy emitió un bufido de terror y saltó a lomos de Mac. No expresó más sus deseos durante el resto del viaje. Un profundo pensamiento cruzó su mente: es sencillo tomar una decisión cuando no hay alternativa. Cerró los ojos con fuerza y hundió los dientes, que castañeaban por el frío, en el pelo del yac.

El gato sabio

Mac, el yac, dejó a Fluffy y Marmalade al pie de unos escalones que conducían a un gran y hermoso templo.

—Aquí encontraréis al Gato Sabio –les dijo.

Cuando les daban las gracias a los yacs, mamá yac los interrumpió:

—Os diré un pequeño truco... Tened una pregunta preparada. El Gato Sabio no habla si no se le hace una pregunta.

Fluffy y Marmalade subieron los escalones y se detuvieron ante dos enormes puertas rojas. Mientras decidían cuál tomar, Fluffy vio una pequeña puertecita dorada al fondo a la derecha. Encima de la puerta había algo escrito en tibetano que Fluffy y Marmalade no pudieron descifrar. Entraron y se encontraron en un gran vestíbulo desde donde se podían oír las pisadas de las sandalias de los monjes y el roce de sus túnicas al moverse en sus quehaceres diarios.

Mientras se preguntaban dónde encontrarían al sabio gato himalayo, dos pequeños gatitos se les acercaron.

—El maestro os espera —dijo uno de ellos. Fluffy y Marmalade se sorprendieron.

—¿Sabía Él que veníamos? —preguntó Marmalade.

—Nunca lo llaméis Él, llamadlo «el Gran ÉL» —les aconsejó el otro gatito.

Los cachorros los condujeron en presencia de un hermoso ejemplar himalayo. Era un gato grande y tenía el color de un siamés, con el místico balanceo interno de uno persa. Estaba sentado en un almohadón dorado con los ojos entreabiertos. A Marmalade y Fluffy les dio la sensación de que se hallaba entre este y otro mundo.

Estaban impresionados por su sobrecogedora presencia. Observaron que delante de ÉL había dos cuencos tibetanos: uno estaba lleno de agua y el otro contenía una extraña infusión de hierba gatera seguramente traída de contrabando de Pakistán.

—Haz tu pregunta —le dijo al oído a Marmalade uno de los gatitos.

Marmalade se aclaró la garganta.

—¿Dios existe? —preguntó.

El Gran ÉL abrió los ojos. Eran unos ojos enormes que parecían reflejar los océanos, el universo y las estelas solares.

—Puesto que tú existes, Dios existe —contestó en un susurro a Marmalade.

Marmalade y Fluffy permanecieron en silencio durante unos segundos intentando comprender el significado de aquello. Finalmente, Fluffy rompió el silencio.

—¿Cómo sabes que es así?

Los dos gatitos que estaban a ambos lados del Gran ÉL acicalando su pelo se detuvieron de repente.

Estaban horrorizados, nunca nadie se había atrevido a pedirle explicaciones al maestro. Los gatos americanos eran realmente unos maleducados. El Gran ÉL se lo tomó bien.

—Hay una parte de ti y de Marmalade que sabe que esto es así —contestó en tono tranquilo—. Habéis tenido que afrontar vuestros miedos en esta búsqueda de Dios. Fuisteis casi pisoteados en el aeropuerto, luego volasteis en la carga de un avión hasta la India, casi os estrujaron los fieles seguidores de Sai Baba y vuestras vidas corrieron un serio peligro al viajar por la montaña a lomos de Mac el yac. Si creyerais que Dios no existe, no habríais superado todos vuestros miedos para llegar hasta aquí.

—Sólo he superado la mitad de mis miedos para llegar hasta aquí —dijo Fluffy.

—¿Cuál es la otra mitad? —preguntó Marmalade.

—Regresar a casa.

Fluffy se volvió hacia el Gran ÉL.

—Siempre parezco una miedosa —se lamentó—. En cambio, Marmalade no ha tenido miedo en ningún momento.

—Es verdad —dijo Marmalade haciéndose el héroe.

Los ojos del Gran ÉL iluminaron las sombras de la habitación.

—Marmalade tenía tanto miedo como tú, sólo que no lo quiso admitir porque es macho. Tenía miedo a tener miedo.

Marmalade se sonrojó. Aunque no se podía ver muy bien porque es difícil verlo en un gato de color naranja.

Marmalade suspiró y dijo:

—Después de esto me parece que no estamos más cerca de Dios de lo que lo estábamos antes.

Los ojos del Gran ÉL hablaban por sí mismos.

—Lo crees así porque tienes una idea concreta sobre lo que debe ser Dios. Se cruzan grandes distancias en busca de Dios, se atraviesan arcoíris y abismos buscándole en los sueños, en la más minúscula mota de polvo de la eternidad. Pero si tuerces la esquina de tu callejón o de tu cama, encontrarás en la puerta giratoria de tu corazón el centro de la rosa.

Se quedaron maravillados ante la belleza de sus palabras. Los gatitos, evidentemente, también pensaron que eran muy bellas. Corrieron hasta los cuencos, mojaron sus patitas en la infusión de hierba gatera y rociaron al maestro por todo el cuerpo.

—Fluffy, ¿te das cuenta de lo que acaba de decir? –le preguntó Marmalade.

—No he entendido ni una sola palabra –contestó Fluffy.

—Yo tampoco –respondió Marmalade–.

Pero tengo la impresión de que en vez de venir hasta aquí nos habríamos podido quedar en Glendale.

—En verdad no es así. Cada paso os ha acercado a Dios porque estabais deseosos de tener un rinconcito en vuestro corazón para la posibilidad de Dios. Y de aquí es de donde sacasteis el coraje para hacer este viaje –interrumpió el Gran ÉL.

Los dos gatos se miraron el uno al otro. Nunca creyeron que podían llegar a tener coraje.

—Recordad, Dios nos da coraje, y el coraje nos da a Dios –dijo el Gran ÉL en respuesta a sus pensamientos.

Después de hablar cerró los ojos. Marmalade y Fluffy entendieron que su audiencia con el Gran ÉL había llegado a su fin.

Arrebatados de los lomos de un yac

Fluffy y Marmalade estaban otra vez sentados en silencio, balanceándose a lomos de mamá y papá yac. Los yacs les habían estado esperando amablemente.

—Hemos recorrido doce mil kilómetros… ¿Y para qué?… ¿Para descubrir que nunca debimos buscar a Dios porque nunca lo perdimos? –se quejó Fluffy, otra vez a punto de vomitar–. ¿Por qué no te diste cuenta de esto cuando estábamos en Glendale?

Marmalade estaba pensativo.

—Estaba tan enfrascado intercambiando pensamientos con Ellen que empecé a pensar como un ser humano. Así que cuando Ellen empezó a buscar a Dios pensé que yo también tenía que hacer lo mismo.

—Al menos podemos dar gracias a Dios de que estamos regresando a casa –dijo Fluffy.

—Ya que habéis llegado hasta aquí, sería una pena no viajar hasta Tierra Santa. Podríais conocer a mi primo, que es camello de carga en Palestina —les ofreció el padre yac.

—Fluffy, me parece muy buena idea —dijo Marmalade.

—¡No es una buena idea! ¡No quiero ir a Palestina a conocer a un camello! Ni siquiera quería irme de casa —se quejó Fluffy levantando la voz.

Durante los siguientes diez minutos, se podía ver el viento levantando el pelo de dos gatos mientras discutían. Estaban a punto de descubrir que hasta los planes mejor preparados, tanto de los gatos como de los hombres, a menudo no salían como se esperaba. Mientras intentaban decidir su destino, el destino apareció y tomó la decisión por ellos.

De repente, un objeto volador no identificado voló por encima de sus cabezas. Una luz verde se lanzó hacia abajo y, como por arte de magia, los abdujo al interior de la nave espacial. Mientras los yacs veían como la nave desaparecía de su vista, Mac negó con la cabeza lleno de tristeza.

—Si seguimos perdiendo pasajeros de este modo…

Dentro de la nave espacial dos bolitas peludas permanecían paralizadas. Cuando la parálisis desapareció, el terror los invadió y corrieron por la enorme sala intentando esconderse. Por desgracia, la sala estaba vacía y empezaron a esconderse uno detrás del otro. Fluffy se ocultó detrás de Marmalade, y éste, cuando se dio cuenta de que estaba delante, saltó detrás de Fluffy. Ésta le bufó y lo llevó a un estado de consciencia de saber quién era ella y quién no era, y estaba claro que de quien no tenía miedo era de Marmalade.

De repente oyeron una voz suave y ronroneante que parecía salir de las paredes.

—No tengáis miedo. No queremos haceros daño.

Y como para demostrarlo, un plato repleto de croquetas Kitty Krunch apareció delante de Fluffy, y otro igual, con sabor a pescado, lo hizo delante de Marmalade. Con más hambre que asombro se lanzaron a comer.

Cuando terminaron, el dueño de la voz pareció salir de entre las paredes. Era un gato de tres metros de altura.

Marmalade y Fluffy estaban acostumbrados a que todo fuera más alto que ellos, pero nunca se trataba de otro gato. Levantaron la cabeza para poder ver mejor a ese gato monstruoso. Fluffy se recuperó primero.

—Perdónanos por mirarte así, pero es que nunca hemos visto a un gato de tres metros.

El gato se rio; sus ojos se convirtieron en los de un humano, luego en los de un león, para pasar a los de un águila y, por último, volvieron a cobrar forma humana.

Esta vez fue Marmalade quien se recuperó primero de su asombro.

—¿Cómo has hecho eso? –tartamudeó.

—Ah, hace siglos que lo hago. Así es como tuve la idea de la esfinge –contestó el Ser.

—¿Cómo sabías cuál era mi comida preferida? –preguntó Fluffy.

—¿Y la mía? –añadió Marmalade.

—Os he estado observando durante algún tiempo –contestó el Ser.

El Ser movió la mano en el aire. La sala quedó a oscuras, como en un cine, y en las paredes se vio una película de Fluffy y Marmalade que empezaba el día que comenzaron la búsqueda de Dios.

Fluffy y Marmalade, atónitos, se vieron en el aeropuerto, en el asiento trasero del Mercedes, hablando con Sai Baba, montando en el carro con la Vidente, a lomos de Mac el yac, en su visita al gato himalaya y luego, para su sorpresa, cruzando el desierto a lomos de un camello. El Ser volvió a mover la mano en el aire y las imágenes desaparecieron.

—Nunca hemos montado en un camello –dijo Fluffy.

—Es el viaje que teníais que hacer a Tierra Santa –contestó el Ser.

—¿Cómo puedes saber algo sobre un viaje que nunca hemos hecho? –preguntó Fluffy.

—Porque pensasteis en él. Cada pensamiento, cada sentimiento, cada acción queda grabada en el universo –contestó el Ser con una sonrisa.

—¿Quieres decir que cada vez que Marmalade se ha zampado mi comida ha quedado grabado? –exclamó Fluffy. El Ser asintió.

Marmalade se movió nerviosamente. Eso significaba que el día que mordió a Perky también se había grabado.

Fluffy, como es evidente, también tuvo un pensamiento parecido, y emitió un suspiro de satisfacción al saber que todo el universo conocía las acciones de Marmalade.

—Os hemos traído a bordo porque necesitamos vuestra ayuda –dijo el Ser.

Ahora Fluffy y Marmalade estaban sorprendidos de verdad.

—Podéis convertiros en humanos o en otros animales, hacer películas de nuestras vidas, abducir gatos de un yac y ¿dices que necesitáis nuestra ayuda?

El Ser asintió.

—Sí, lo podemos hacer todo excepto una cosa.

—¿Qué cosa?

—Enseñar a la gente de la Tierra a amarse los unos a los otros.

Marmalade y Fluffy se miraron extrañados.

—¿Cómo os podemos ayudar? –preguntó Fluffy.

—En la Tierra, a casi todo el mundo le gustan los gatos… excepto en los lugares donde se los comen –contestó el Ser.

Fluffy se volvió verde. Marmalade arqueó su espalda.

—Y vosotros sois dos gatos especiales porque empezasteis vuestra búsqueda con la buena intención de ayudar a un humano… y Dios sabe que cualquier ayuda que reciban les será muy útil –afirmó el Ser.

—Si necesitas nuestra ayuda aquí nos tienes –dijeron al unísono los dos gatos terrestres.

El Ser les sonrió de forma humana.

—Dejad que os explique nuestro plan…

Quién dice que no podéis volver a casa

Era una noche de principios de verano. Ellen y Hannah estaban sentadas en el jardín de esta última.

Hacía un mes que Marmalade y Fluffy habían desaparecido. Las dos mujeres, como otras tantas noches, estaban consolándose mutuamente por la pérdida de sus gatos. Habían agotado todas las posibilidades de llegar a encontrarlos.

—En el fondo sé que están bien –dijo Ellen.

—Yo también siento lo mismo –repuso Hannah. Tú siempre lees el pensamiento de Marmalade y lo que me preocupa es que no captes nada de él.

Ellen suspiró.

—Tal vez porque tengo miedo de captar algo que no quiero oír.

Se quedaron en silencio pensativas, mirando las estrellas, como si el cielo fuera a responder a sus preguntas. Y así fue. Una estrella se movió y se dirigió hacia la casa.

Incrédulas vieron cómo la estrella se convertía en una nave espacial, pasaba por encima de la piscina y hacía aparecer a los dos gatos sobre una de las sillas del jardín.

Las mujeres gritaron de alegría. Luego observaron, hipnotizadas, cómo la nave espacial se iba a gran velocidad, y volvieron a gritar cuando Fluffy y Marmalade corrieron hacia ellas.

Marmalade se tiró a los brazos abiertos de Ellen. Fluffy iba detrás y Hannah la cogió en brazos sin darse cuenta de que la gata se dirigía hacia un plato de Kitty Krunch que había en la cocina. Fluffy dejó que Hannah la abrazara, pensando que en aquellas circunstancias, se lo merecía durante cinco minutos.

—¿Dónde has estado, pequeña tunanta? –riñó Hannah con cariño a Fluffy.

Mientras, Ellen estaba leyendo el pensamiento de Marmalade y sus ojos se abrían como platos a medida que se iba enterando de las cosas increíbles que les habían sucedido.

Hannah observaba ansiosamente la comunicación entre Ellen y Marmalade y veía la emoción en la cara de Ellen. Por último, Ellen se volvió, estupefacta, hacia Hannah y le explicó las increíbles aventuras de los dos animales. Ahora eran los ojos de Hannah los que se abrían como platos mientras la escuchaba. Hubo un momento de silencio en el que digirieron toda esa alucinante información.

—Ésta es una historia para el periódico de Harry –anunció finalmente Hannah–. Vamos a decírselo. –Y se puso de pie.

Ellen dudó unos instantes.

—Son las tres de la madrugada. ¿Estás segura de que quieres despertarlo?

Hannah asintió con la misma determinación con la que se había puesto de pie.

—¡Es hora de que Harry despierte a muchas cosas!

Harry Woodlock dormía profundamente. Era un hombre disciplinado que llevaba una vida ordenada y que con seguridad habría tenido también una muerte ordenada si su esposa no hubiera sido Hannah, cuya mejor amiga era Ellen, que tenía un gato que se llamaba Marmalade.

Harry estaba soñando cómo organizar mejor su periódico. Estaba a punto de echar a la calle al director editorial cuando sintió la mano de Hannah que le tocaba y oyó su voz en la lejanía:

—Despierta, Harry... tenemos una buena historia para ti.

Harry dejó de roncar, abrió sus ojos legañosos y vio a Hannah con Fluffy en sus brazos.

—Fluffy ha vuelto –anunció Hannah.

La rabia permitió a Harry abrir un poco más los ojos.

—¿Y para esto me despiertas a las tres de la madrugada?

—¿No quieres saber cómo ha vuelto? –preguntó Hannah.

A Harry no le interesaba en absoluto, pero sabía que su esposa no le dejaría dormir hasta que no escuchara la historia. Harry era un periodista de treinta y tantos muy bien entrenado. El motor de su vida era quién, qué, cuándo, dónde, cómo y por qué. Aún medio dormido, dijo:

—Vale. ¿Quién la ha traído?

—¡Una nave espacial! –contestó Hannah con la respiración entrecortada.

Harry abrió los ojos de golpe. Y siguiendo su entrenamiento, exclamó:

—¿QUÉ?

—En el jardín trasero —dijo Hannah anticipándose a su próxima pregunta.

—En una silla de jardín —añadió Ellen, que estaba de pie junto a la puerta con Marmalade.

Harry se incorporó de repente. Durante años había dudado de la salud mental de su esposa porque ésta creía que Ellen, de cuya salud mental también dudaba, podía comunicarse con un gato naranja. Ahora estaba absolutamente seguro de que ambas habían perdido el juicio.

Harry intentaba mantener la calma. Incluso en los malos momentos, era un periodista bien entrenado.

—¿Cómo subieron a bordo de la nave espacial? —preguntó en tono precavido.

—Fueron abducidos de los lomos de dos yacs en el Tíbet.

Harry miró a Ellen y a Hannah, y luego a los gatos. Por un momento, se preguntó si todavía seguía soñando y estaba encerrado en un manicomio de personas y animales.

Hannah sabía que Harry tenía aquella mirada cuando ella se pasaba de la raya, pero estaba decidida a seguir adelante.

—¿No preguntas por qué?

Harry creyó que lo mejor en ese momento era seguirles la corriente.

—¿Por qué se los llevaron en una nave espacial?

—Los Seres del espacio quieren que Fluffy y Marmalade los ayuden —dijo Ellen.

—¿Que los ayuden? –repitió Harry en voz baja. Hannah asintió entusiasmada.

—Quieren que Marmalade y Fluffy los ayuden a enseñar a los habitantes de la Tierra a amarse los unos a los otros.

Harry apenas consiguió articular las palabras.

—¿Me estás diciendo que esta gata sorda va a enseñar a los habitantes de la Tierra a amarse los unos a los otros? –preguntó señalando a Fluffy.

Hannah agarró a Fluffy contra su pecho.

—Fluffy no está sorda.

Harry, esperando encontrar alguna base lógica con la que discutir con Hannah, le preguntó:

—Entonces, ¿por qué no viene cuando la llamas?

—Porque no se identifica con el nombre de «Fluffy» –contestó Hannah.

—¿Cómo sabes que... –preguntó Harry desesperado, y se detuvo porque ya sabía cuál sería la respuesta–. Fluffy se lo ha dicho a Marmalade, Marmalade a Ellen y Ellen a ti –añadió.

Ellen y Hannah se alegraron.

—¡Lo has entendido! –dijeron al unísono.

—Mirad lo que he entendido: ¡que me habéis despertado a las tantas porque estáis como una cabra! –gruñó Harry, y mirando a Hannah dijo–: O porque me estás gastando una broma de mal gusto por haber anulado nuestras vacaciones el mes pasado.

Ellen y Hannah estaban indignadas.

—No es una broma, Harry. Esto ha pasado hace media hora –repuso Ellen.

Harry tensó la mandíbula.

—No me lo creo.

Hannah lo miró con frialdad.

—¿Nos estás llamando mentirosas?

Harry conocía aquel tono y empezó a retractarse.

—No… eh… estabais mirando las estrellas y… esto… a causa de vuestra tristeza os quedasteis hipnotizadas con su brillo y creísteis que una de ellas era una nave espacial que iluminaba el jardín y…

—¿Cómo crees, pues, que Marmalade y Fluffy pudieron volver? –interrumpió bruscamente Hannah.

—¿Saltando la verja, como todos los gatos? –intervino Harry.

—Harry, Ellen y yo te hemos despertado porque ésta es una historia que cualquier periódico querría publicar y tú has sido el primero en escucharla –dijo Hannah con una gran dignidad.

—No esperaréis que me crea esa solemne tontería de la nave espacial, ¿verdad?

—Yo te diré lo que espero: que la publiques –contestó Hannah.

Harry se hizo con la poca paciencia que le quedaba.

—Hannah, ¿por qué es tan importante para ti que esta historia se publique en un periódico?

—Porque el destino de nuestro planeta depende de ello –contestó Hannah.

Harry la miró enloquecido.

—¿El destino de nuestro planeta? –exclamó.

—Eso es lo que el Ser del espacio les dijo a Fluffy y Marmalade –interrumpió Ellen.

—Y Marmalade te lo ha dicho a ti y tú a Hannah –dijo Harry en tono severo.

—Y yo te lo estoy diciendo a ti –recalcó Hannah.

—No me creo nada –dijo Harry.

—Eso es porque nunca has tenido una experiencia como ésta –replicó Hannah.

—Si la tuviera tampoco me lo creería –argumentó Harry en tono firme.

—Eso es porque tu cerebro no está preparado para recibir a una nave espacial –le soltó Hannah.

—¡No voy a publicar una historia sobre ese par de gatos sordos!

Fluffy miró a Marmalade.

—Es la segunda vez que me llama sorda. Una más y le arranco el tupé y se lo tiro al jacuzzi.

—Harry, la historia debe publicarse porque el Ser del espacio así lo ha dispuesto –le informó Hannah.

—Y no queremos arruinar los planes del Ser del espacio, ¿verdad? –dijo Harry con secretismo.

—No te hagas el psiquiatra conmigo. Vas a publicarlo y basta –contestó Hannah en tono áspero.

—No lo publicaría ni en la sección de Pasatiempos –gruñó Harry.

—No intentes ninguna jugarreta. Tienes que publicarlo en una sección muy seria –le ordenó Hannah.

Harry y Hannah se miraron fijamente. Harry sabía que si no lo publicaba en algún sitio muy serio, él sería quien acabaría en otro sitio muy serio… como, por ejemplo, durmiendo en una hamaca en el jardín.

Harry
el sucio

A la mañana siguiente, Ellen y Hannah estaban desayunando en el jardín de esta última y repasando el periódico en busca de la historia de Harry.

Marmalade y Fluffy estaban ocupados en limpiarse el uno al otro al Sol matutino.

Hannah cerró el periódico de un golpe.

—Vaya con Harry el Sucio… No encuentro la historia en ninguna parte.

Ellen tuvo un presentimiento y abrió el periódico por la última página.

—¡Lo sabía! ¡Lo sabía!

Hannah le arrancó el periódico de las manos.

—¿Qué? ¿Qué?

—Está en la sección de necrológicas –dijo Ellen señalando la página.

—Qué sentido del humor. Como siempre habla de enterrar una historia –dijo Hannah irritada.

—«Un ama de casa no identificada ha comunicado al periódico que dos gatos no identificados fueron devueltos, tras su abducción, por una nave espacial no identificada en el jardín de su casa» –leyó Hannah en voz alta.

Ellen y Hannah se miraron indignadas. Fluffy y Marmalade se miraron indignados.

—Nunca me ha gustado Harry. Mira que llamarnos «gatos no identificados». No tiene dignidad. Nos presenta como si nos dedicáramos a merodear por el barrio.

—Y qué más da. Nadie va a leerlo en las necrológicas –dijo Marmalade en tono sombrío.

Lo que Marmalade y Fluffy no sabían, como tampoco Ellen ni Hannah, era que cuando el universo quiere que algo se sepa lo consigue a través de caminos misteriosos.

* * *

Agnes Thornbill había ido a Glendale a enterrar a su tía. Esa mañana leyó las necrológicas para ver si se había publicado la esquela. La historia de los gatos abducidos por un ovni llamó su atención. Cogió el teléfono y llamó a su jefe, Roger Milagros.

Roger presentaba un conocido programa de televisión en Nueva York llamado *Yo que tú me lo creería*. El programa trataba sobre lo inusual e imposible. La historia de los gatos sonaba a las dos cosas.

Al día siguiente, sonó el teléfono en la mesita de noche de Ellen y despertó a Marmalade. Marmalade golpeó el aparato con la pata y le dio al botón de manos libres. La voz de Roger Milagros se oyó por toda la habitación.

—Hola, soy Roger Milagros desde Nueva York. Marmalade, con su áspera voz matutina, maulló al auricular.

Ellen se despertó al oír a Roger Milagros.

—¿Oiga? –dijo Roger.

—¿Quién es? –preguntó Ellen.

—Soy Roger Milagros desde Nueva York.

Ellen pensó que estaba soñando al oír la voz del presentador de su programa favorito.

—Quisiera hablar con la señora Ellen Conroy. Ellen, al darse cuenta de que era verdad que estaba oyendo la voz de alguien que le resultaba muy atractivo, se tapó con las sábanas y se arregló el cabello.

Roger, que por algo se llamaba Milagros, se rio para sí mismo.

—No hace falta que se tape, no estamos en antena –dijo él.

Ellen se puso más nerviosa e intentó hablar con voz fresca.

—Yo soy Ellen Conroy.

—¿Su gato siempre contesta al teléfono? –preguntó Roger.

Ellen miró a Marmalade.

—Nunca. No sé qué le ha pasado –contestó ella. Roger parecía divertirse.

—¿Es ése el gato no identificado que ha tenido la experiencia extraterrestre? –preguntó él.

—Sí, uno de ellos –respondió Ellen.

—¿Es usted el ama de casa no identificada de la esquela? —continuó Roger.

—Sí, no, ésa es mi amiga, la dueña del otro gato —contestó Ellen nerviosa—. Yo soy soltera... completamente soltera. —Le costó decir la última frase. Luego tapó el auricular con la mano y, mirando a Marmalade, dijo—: Si vuelves a coger el teléfono dormirás fuera, en la hamaca de Harry.

La voz de Roger se oyó de nuevo.

—Perdone que la moleste tan temprano, pero antes de empezar con mi apretada agenda quería hablar con usted.

—No pasa nada... Es un honor. Siempre veo su programa... incluso las repeticiones —dijo Ellen.

—Tiene una voz muy bonita —intervino Roger.

—¿De verdad? —preguntó Ellen abrumada con un hilo de voz.

—Sí, y sonará muy bien cuando la entreviste junto con su amiga y los dos gatos en mi programa —contestó Roger en tono alegre.

—¿En su programa?

—La historia es verdadera, ¿no?

—Sí, sí, todo es verdad —se apresuró a decir Ellen.

—Vale, tenía que confirmarlo.

—Comprendo. Ya lo dicen: «No puedes creer todo lo que lees en los periódicos» —afirmó Ellen.

Ambos rieron.

—Tiene un gran sentido del humor. Será una invitada maravillosa. Mi secretaria la llamará para ultimar los detalles de su viaje a Nueva York —dijo Roger.

—¡No puedo creerlo! –exclamó Ellen con la voz entrecortada.

Roger emitió una risita.

—*Yo que tú me lo creería* –dijo con su mejor voz televisiva.

Ellen colgó el teléfono y cogió a Marmalade en brazos. Empezó a saltar en la cama cantando «Nos vamos a Nueva York, nos vamos a Nueva York».

Marmalade no estaba impresionado. Había pasado de lomos de un yac a la ionosfera en una nave espacial.

Más tarde, cuando le explicó a Fluffy que se irían a Nueva York, ésta sólo le hizo una pregunta:

—¿Qué comida sirven en el avión?

«Yo que tú me lo creería»

Fluffy y Marmalade estaban acicalándose el uno al otro en la terraza del último piso de un rascacielos de treinta plantas. Adquirieron esta elevada posición debido a una serie de acontecimientos que se sucedieron a una gran velocidad. Hacía tres semanas, estaban en una suite del décimo piso de un agradable hotel como invitados del programa *Yo que tú me lo creería.*

Harry, Hannah y Fluffy ocupaban un dormitorio, y Marmalade y Ellen, el otro. Harry había insistido en ir con ellos, ya que después de todo había sido él quien había tenido el coraje de publicar la historia. Hannah estaba un poco avergonzada porque todo el mundo sabía que la había publicado en la sección de necrológicas. Ellen estaba contenta de que Roger no le hubiera hecho ningún comentario a Harry al respecto. Su aparición en el programa de Roger iba como una seda hasta que Ellen anunció, inesperadamente, que los Seres del espacio se pondrían en contacto con la Tierra en un futuro programa. Roger se quedó sorprendido. Después del programa, le dijo con amabilidad a Ellen que hubiera tenido que contárselo todo antes de entrar en directo. Ella no le había contado nada acerca del contacto de los extraterrestres con la Tierra en otro programa. Ellen dijo que no lo supo hasta que Marmalade se lo comunicó justo antes de la publicidad.

Todo eso también era nuevo para Fluffy.

—No recuerdo que los Seres del espacio nos dijeran que iban a salir en el programa de Roger Milagros –le dijo Fluffy a Marmalade.

—Sí que lo hicieron –le corrigió Marmalade–. Nos vimos en esa pantalla de televisión. ¿No te acuerdas de que nos estaba entrevistando Roger Milagros y que ellos nos dijeron que saldrían en otro programa?

Fluffy negó con la cabeza.

—No.

Marmalade lo miró sorprendido.

—Fluffy, tú estabas a mi lado mirando la pantalla conmigo.

Fluffy se quedó pensativa.

—Tal vez me quedara dormida.

—¡Pero si tenías los ojos abiertos! –exclamó Marmalade.

—A veces duermo con los ojos abiertos. Es lo que me queda de mis días de cazadora de ratones –sentenció Fluffy.

Aunque el programa de Roger siempre disfrutaba de una gran audiencia, ésta experimentó un sustancioso aumento después del anuncio de la visita de los Seres del espacio. Los amantes de los animales de todo el mundo empezaron a ser unos espectadores asiduos. Con la sincronicidad con la que el universo funciona, el principal patrocinador del programa era Kitty Krunch. Sus ventas se dispararon por los aires y las fotos de Fluffy y Marmalade aparecieron en todos los periódicos del país, así como en las principales vallas publicitarias.

Se podía leer: «Si quieres un gato con el que poder hablar, aliméntalo con Kitty Krunch».

Y así fue como pasaron del décimo piso de un hotel al último de un rascacielos de treinta plantas. Fluffy y Marmalade estaban sentados en un sillón viendo el anuncio de Kitty Krunch. En el anuncio salían ellos dos comiendo de una lata.

Fluffy miró la pantalla con atención.

—Marmalade —dijo ella—, debes cuidar tus modales. Estás comiendo de forma muy descuidada.

Y era verdad. Marmalade se estaba pegando un atracón mientras que Fluffy daba delicados bocados. Observándose en la pantalla añadió:

—Mi lado bueno es el derecho. Me gustaría que se lo dijeras a Ellen antes del próximo rodaje.

—No veo mucho a Ellen últimamente. Siempre está con Roger —contestó Marmalade.

Fluffy sonrió con una sonrisa de gato.

—Parece que Roger le gusta de verdad.

—Es mucho más que eso. Anoche me echaron del dormitorio… Tuve que dormir en ese colchón para gatos forrado de terciopelo.

—¿Estás celoso? —preguntó Fluffy.

91

—Sí, pero compensa. La búsqueda de Dios me ha permitido no volver a comer verdura. Ellen pensó que no era espiritual seguir dándome verdura cuando el mundo entero pensaba que yo comía Kitty Krunch.

En ese momento, Roger y Ellen entraron riendo. Llegaban con montones de paquetes y bolsas de una de las salidas de Ellen.

Roger se detuvo, acarició a Marmalade en la cabeza y rascó a Fluffy debajo de la barbilla, su sitio favorito.

—Es un buen partido –le dijo Fluffy a Marmalade.

Y de la forma en que Ellen miraba a Roger era obvio que ella también pensaba lo mismo.

—Pura adoración al héroe –gimoteó Marmalade. Ellen se dio la vuelta y miró a Marmalade.

—¡Lo he oído!

—¿Qué ha dicho? –preguntó Roger.

—Nada, sólo está siendo un poco malicioso. De hecho, nunca le habían ido tan bien las cosas hasta ahora.

—A mí tampoco –repuso Roger en voz baja. Harry salió a la terraza en ese momento.

—Bueno, mañana es la gran noche. –Miró a Marmalade con preocupación–. Al menos espero que sea así.

Hannah salió también a la terraza.

—Esta semana ha sido como un sueño.

—Y será una pesadilla si este gato se ha equivocado –dijo Harry.

Roger parecía que también estaba angustiado.

—¿No se habrá equivocado de día, verdad? –le preguntó Roger a Ellen refiriéndose a Marmalade.

—Hombre de poca fe —dijo Marmalade después de un suspiro.

Ellen miró seriamente a Roger.

—Espero que no te haga hacer el ridículo. Roger sonrió sin entusiasmo.

—Tú crees en este gato, así que no hace falta que yo crea que tú crees en él... Pero es necesario que yo crea que creo... —hizo un gesto de disgusto—. Me parece que mi fe está siendo puesta a prueba.

Roger, Harry, Hannah e incluso Ellen sintieron cómo la oscura sombra de la duda se abalanzaba sobre ellos en la terraza del rascacielos, pero ésta no alcanzó a los dos pequeños gatos, que eran como dos puntos de luz porque su fe era fuerte.

Amad al prójimo como amáis a vuestro gato

Marmalade y Fluffy estaban tumbados en su casita de terciopelo, gentileza de los patrocinadores.

De vez en cuando, pestañeaban cuando notaban que la tensión crecía en el apartamento. Roger había decidido retransmitir el último programa de la semana desde el salón del apartamento de Ellen. El equipo de rodaje estaba ocupado con la instalación de cables, micrófonos y cámaras, principalmente en un sillón de enamorados donde Ellen iba a sentarse con Fluffy y Marmalade. Hannah y Harry observaban con nervios los preparativos en el fondo de la habitación.

—Si hoy no hablan los extraterrestres será mi ruina… la reputación de mi periódico quedará por los suelos –dijo Harry en tono tenso.

—¿Cómo puede ser tu ruina si lo único que hiciste fue publicarlo en la sección de necrológicas? –preguntó Ellen secamente.

—Las necrológicas son una parte muy importante de un periódico –replicó Harry a la defensiva.

—Tienes una razón de muerte –repuso Ellen muy seria.

Harry la miró con recelo. Se preguntaba si encima tendría que aguantar bromitas al respecto.

Hannah miró a su marido preocupada.

—Calma, Harry, sólo era una broma. Marmalade y Fluffy se despertaron cuando

Ellen los tomó en brazos.

—Despertaos, dormilones. Es hora de que el mundo os vea.

Los llevó al sillón de enamorados y se sentó a su lado.

—Espero que el cámara no me saque un primer plano. He comido tantas croquetas Kitty Krunch para los anuncios que se me ha puesto papada –le dijo Fluffy a Marmalade.

Fluffy miró con aprensión al cámara que se acercaba y se alejaba de ella. Rápidamente puso su perfil bueno frente al objetivo. Su pelo tapó la cara de Marmalade, que intentaba sacar la cabeza por detrás del cuello de Fluffy.

—¡Deja de chupar cámara! –dijo Marmalade.

—Perdona, no quería que cogiera mi lado izquierdo porque he visto que tengo algunos pelos del bigote retorcidos.

De repente se oyó la voz del director.

—Preparados… cinco, cuatro, tres, dos, uno –dijo, y señaló hacia Roger.

—Buenas tardes, señoras y señores. En estos momentos todo el mundo está frente al televisor, desde Moscú hasta Madagascar, a la espera de ver a nuestros vecinos del espacio. –Se volvió hacia Ellen y dijo–: Usted comentó que tienen un mensaje para el mundo.

Ellen se movió con nervios por dos razones. En primer lugar, porque al mirar al monitor se vio más gorda de lo normal a pesar de tener un plano que debía adelgazarla, y en segundo lugar, por la pregunta de Roger a bocajarro. Alejándose del monitor y aclarándose la garganta contestó:

—Bueno, Roger, ya sabes que me comunico telepáticamente con Marmalade y la telepatía no es una ciencia exacta.

Ahora era Roger quien se agitaba. Intentó frivolizar un poco.

—Tampoco la medicina es una ciencia exacta y miles de personas creen en ella —dijo con una risita ahogada.

Ellen sonrió.

La cámara mostró un primer plano de Marmalade. Éste bostezó e intentó apartarse una mosca de detrás de la oreja. Esto no convenció mucho a Roger de la credibilidad de Marmalade. La entrevista siguió adelante durante los siguientes veintiocho minutos, todo el mundo en la habitación estaba esperando ansiosamente la aparición de los Seres espaciales. También estaba expectante A. J. Hammerschlog, presidente de Kitty Krunch, que se había colado en el salón para poder presenciar el gran momento.

Pero el gran momento no llegó.

Se pasó a publicidad exactamente en el minuto veintiocho. El director hizo la señal de que se había acabado el programa.

Roger miró con tristeza a Ellen.

—Bueno, cariño, ya se ha acabado todo. Hammerschlog entró en el espacio vital de Roger.

—Yo diré cuándo se ha acabado todo –gruñó–. Kitty Krunch se ha gastado millones para que la gente vea este momento histórico: el primer encuentro con extraterrestres de la televisión.

Roger estaba horrorizado.

—¿Qué hace usted aquí, señor Hammerschlog?

—Este programa es mío, ¿recuerda? –y mirando fijamente a Marmalade, dijo–: ¡No puedo creer que haya gastado cincuenta millones de dólares por lo que ha dicho esa alfombrilla de baño naranja de cuatro patas!

Fluffy se sintió ofendida, arqueó su espalda y lanzó un bufido a Hammerschlog.

Hammerschlog dio un paso atrás.

—¿Está vacunada?

Roger tuvo una idea que podía salvar la situación.

—Quizá los extraterrestres estén en una zona horaria diferente.

Hammerschlog lo miró fríamente.

—Podrían estar aquí la próxima semana –añadió Roger sin convicción.

—Sí, ellos sí, pero usted no. Voy a anular mi contrato con este programa. Kitty Krunch hizo una promesa que no ha podido cumplir. Nuestra reputación está en juego –replicó Hammerschlog.

Harry se acercó a ellos.

—La mía también está en juego –dijo.

—¿Quién diablos es usted? –preguntó Hammerschlog en dirección a la voz de Harry.

—Soy del *Glendale Press* –contestó.

—¿Y eso qué es?, ¿un viñedo? –gritó Hammerschlog. Harry apretó los puños. Hannah intentó frenarlo.

—Es un excelente periódico de Glendale –dijo Harry con los dientes apretados.

Hammerschlog miró a su alrededor incrédulo.

—¿Dónde estoy? ¿En «La cámara indiscreta»? –y mirando a Harry, dijo–: Quizás usted es el Ser espacial, ¿eh?

Se habría oído un gran bramido de no ser por una voz amorosa que de repente empezó a flotar por la habitación.

—Queridos humanos, esta noche nuestros corazones están con la Tierra.

Todo el mundo miró hacia el monitor, paralizados por la voz. El Ser espacial había tomado la forma de un enorme E.T. El Ser pensó que la versión de Spielberg sería del agrado de los televidentes.

—Os pedimos disculpas por no haber hecho acto de presencia a la hora convenida, pero estábamos esperando a que hubiera el mayor número posible de personas atentas a la pantalla –dijo el Ser.

Millones de humanos sentados frente a su televisor vieron boquiabiertos cómo una extraña figura aparecía de repente en su programa favorito.

Había montones de personas en la Séptima Avenida de Nueva York frente los diferentes monitores de una tienda de electrodomésticos. Se quedaron estupefactos al ver que la imagen del presentador de las noticias de las seis se fragmentaba y la sustituía la de un extraterrestre. Un policía montado intentó dispersar a la multitud, pero su caballo, sintiendo la energía de amor que emanaba de la pantalla, ni se movió.

En un importante estadio de fútbol de la zona central de Estados Unidos cien mil personas, que estaban viendo los anuncios de la media parte en una pantalla gigante, se quedaron asombradas al ver que el anuncio de Budweiser era sustituido por la cara de E.T.

En el Lejano Oriente, millones de personas vieron cómo la apertura televisada de Disney World desaparecía de su vista y la pantalla se llenaba del rostro del Ser espacial.

En un bar de Dublín, diez personas que bebían whisky vieron al Ser espacial en la tele. Arrojaron sus vasos a medio terminar sobre la barra y salieron corriendo hacia la calle.

—No sé qué ponen últimamente en el bourbon irlandés –dijo uno de ellos.

Dejaron en el bar, aturdidos, a un scotch terrier, dos gatos y tres ratones. Los gatos, que estaban a punto de acorralar a los tres ratones, sintieron la ola de amor que emanaba de la pantalla y se detuvieron como hipnotizados. Los ratones habrían podido escapar, pero prefirieron ver al Ser espacial. Los ratones también necesitan amor.

—Vengo de un lugar donde no existe la guerra ni la contaminación, donde las personas viven en armonía las unas con las otras. No obstante, hubo una vez en que estábamos igual que vosotros y tuvimos que ser rescatados de nuestro yo. Ello supuso un gran cambio, y el cambio tuvo que salir de dentro. Vimos que no podía haber paz en el mundo hasta que no hubiera paz en nuestro interior.

Para detener las guerras, tuvimos que ver que no estábamos separados.

Para detener el odio, tuvimos que ver la belleza de cada uno.

Para detener el miedo, tuvimos que crear un mundo donde nadie tuviera que tener miedo de nada.

Tuvimos que aprender que cuando hacemos daño a los demás, nos lo hacemos a nosotros mismos.

Durante muchos siglos, hemos visto a vuestras civilizaciones crecer y perecer por la guerra y la destrucción. Hemos buscado un modo de enseñaros a amar. Primero a vosotros mismos, luego a los demás. Cuando vimos la búsqueda de Dios de esos dos pequeños gatos nos dimos cuenta de que tal vez había una forma de que aprendieseis a amar. A pesar de que a los habitantes de la Tierra les cuesta mucho amarse los unos a los otros, nos hemos dado cuenta de que la mayoría de la gente ama a los animales.

Así pues, nuestro mensaje de esta tarde es que cada día améis a otro ser humano como amáis a vuestro gato. Si queréis que vuestro planeta sobreviva es hora de empezar a amaros los unos a los otros.

Epílogo

Si te gustan los finales felices, éste es tu libro

Harry regresó a Glendale, recibió un aumento por hacer aparecer al *Glendale Press* en el mapa y acabó escribiendo una columna sobre comunicación telepática con animales de compañía.

Hannah regresó a Glendale, abandonó la terapia con su psiquiatra y disfrutó de largas noches con Harry, quien, de hecho, escuchaba todo lo que ésta le contaba sin dormirse.

Roger Milagros consiguió a Ellen. Ellen consiguió a Roger Milagros.

Marmalade y Fluffy obtuvieron de por vida croquetas Kitty Krunch.

Hammerschlog obtuvo la Cruz de plata, el más alto premio presidencial que se le da a un civil por servir a su país. La Cruz puede ser admirada en el vestíbulo de Kitty Krunch en Nueva York, en un expositor de terciopelo.

* * *

Marmalade y Fluffy estaban tumbados en un diván al lado de la piscina de su apartamento. Era realmente suyo porque Roger se lo compró a Ellen y ésta lo puso a nombre de Fluffy y Marmalade en una fundación sin ánimo de lucro para que pudieran desgravarlo con toda tranquilidad.

Fluffy se había quitado el collar de zirconitas y ahora lucía un collar de diamantes y zafiros de Tiffany's. Marmalade, para protegerse del frío de la noche, llevaba un chaleco de cachemira adquirido en Bergdorf-Goodman's, y se lo había abrochado el ayuda de cámara personal de Hammerschlog.

Los dos gatos observaban a Ellen y Roger abrazarse a la luz de la Luna.

Roger la miró.

—Nunca pensé que encontraría a mi futura esposa a través de dos gatos.

—¿Qué te parece Maui para nuestra luna de miel? –preguntó Ellen.

Nadaremos con las marsopas –dijo Roger. Marmalade se sacudió unos restos de Kitty Krunch de su chaleco.

—¿Qué te parece eso de ir a Maui, Fluffy? –preguntó el gato.

—No quiero ir si tengo que viajar en una jaula como ese loro. No me importaría hacerlo como cuando fuimos a la India, en el asiento trasero de un Mercedes.

Marmalade permaneció pensativo.

—Nunca encontramos a Dios de la manera que pensábamos que lo haríamos.

—Todo el mundo parecía conocer alguna parte de Dios, pero yo todavía no sé quién es Dios en realidad –dijo Fluffy.

Marmalade se vio reflejado en el collar de piedras preciosas de Fluffy.

Con el reflejo estrellado del zafiro en sus ojos y con aire soñador dijo:

—Fluffy, digan lo que digan, Dios es un gato.

****

Fluffy, digan lo que digan, Dios es un gato.

Fin

Índice